BLAS DE OTERO

Emilio Alarcos Llorach

Emilio Alarcos Llorach

BLAS DE OTERO

COLECCIÓN CLARÍN

© **Emilio Alarcos Llorach**

© **EDICIONES NOBEL, S.A.**
Ventura Rodríguez, 4
33004 OVIEDO

ISBN: 84-87531-91-1

Fotografía de portada: Francesc Catalá Roca

Filmación: Grafinsa, Oviedo
Impresión: Gráficas Summa, S.A., Llanera (Asturias)
Depósito Legal: AS-267/97

PREÁMBULO

RECOGEMOS aquí cuanto hemos escrito sobre Blas de Otero, cuyo octogésimo aniversario habría celebrado este año si viviera. Hemos articulado el libro sobre un tronco, *La poesía de Blas de Otero,* que reproduce en su orden primitivo la oración de apertura del curso 1955-1956 de la Universidad de Oviedo (publicada en 1955), con las ligeras correcciones y el añadido de la edición de Anaya en 1966, al cual se agrega ahora la reseña de *Ancia* allí mencionada.

Hacemos preceder este texto de uno inédito, referido más al hombre que a la obra, *Blas de Otero en 1955-1956,* que leí en la presentación del libro de Julio Neira sobre la *Correspondencia* del poeta con los editores de *Pido la paz y la palabra.* Luego sigue otro escrito general sobre la obra del poeta, *En la muerte de Blas de Otero,* publicado en el homenaje de The University of Wyoming 1980. Los demás trabajos se han ido escribiendo y publicando en las revistas o volúmenes que se indican en cada caso y se refieren a aspectos parciales de la obra oteriana. Los libros de Otero se citan con las abreviaturas que figuran al final del volumen. Se han eliminado en lo posible las inevitables repeticiones entre unos y otros artículos. Se añade en apéndice el libelo ajeno a que el texto alude en dos o tres ocasiones.

E. A. Ll.
Oviedo, 15 de octubre de 1996

I
BLAS DE OTERO
EN 1955-1956

MUY DE veras agradezco la invitación que me permite estar aquí, a la sombra del inmenso don Marcelino, entre tan buenos amigos, para decir unas palabras sobre un asunto que me incita a revolver los quietos y lientos posos del pasado. Parece mentira; pero ya se han sedimentado sobre nosotros —más bien en nuestros adentros— treinta y dos espesos años desde aquellos finales de 1955 en que apareció aquí —Torrelavega de Cantalapiedra y Santander de Bedia— el libro de Blas de Otero *Pido la paz y la palabra*. Fue año aciago, en que el destino me hostigó con rudeza. Ahora, el amigo Julio Neira, inquieto y diligente, cuyo buen hacer todos conocemos, pone en nuestras manos todo el proceso epistolar que desembocó en la publicación del libro de Blas. Con una introducción primorosa y precisa, nos ofrece el cartulario dirigido por el poeta a los editores, anotado con minucia y pertinencia e ilustrado con útiles apéndices. No se piense que es labor de pura erudición; Neira traza un cuadro sugestivo, intenso y sagaz de un momento importante de la poesía española, de los caminos de

Blas y de su modo de hacer y de vivir. Yo aparezco también citado con reiteración. Se comprende: aquel mismo año leí y publiqué, como discurso de apertura en la Universidad de Oviedo, mi trabajo sobre la poesía de Otero. Y por eso nada más, me ha indicado Julio que hable del Blas de aquella época.

El caso es que, de los personajes principales de este relato epistolar, el último a quien conocí fue precisamente el protagonista: Blas de Otero. Ya trataba a Pablo Beltrán de Heredia, desde 1952: verano internacional en Montecorbán; yo, estrenándome casi en esas lides; Gili Gaya, benévolo y paciente, ya casi enfisemático, jugando al mus con Balbín, sobrio en su cordialidad distante; Ynduráin, estibados los riñones con sus manos, alternando la prosa didáctica y las rubias arenas lúbricas de la playa de Ciriego; Manolo Arce, delgadillo, locuaz y sonriente, al gobernalle de su recién botado *Sur* entre versos y cuadros; Pepe Hierro, oculto su dolor en la alegría de su regocijo carcajeante, no tan calvo y ya con la hoja de yedra en la solapa; su *Antología* de lujo (en preparación) y la *Antología consultada*; y allí, Pablo, fiel amigo, siempre discreto, conversador agudo y moderado, poniendo orden entre insinuantes alumnas, concienzudos —más bien pelmazos— alumnos, enredadores mirones indígenas y variegados docentes (¡cuántos ya en su paz, pero sin palabra!). Pablo y Manolo aquí están, pero *¿Dónde está Blas de Otero?* Estará *con los ojos abiertos*. Me gustaría, Sabina, que estuviese también con los oídos atentos escuchando.

Cuando, hacia abril de 1955, empecé a preparar mi trabajo, alguien me indicó la dirección personal de Blas: Alameda de Recalde, 70. No lo había visto nunca, aunque conocía bien su poesía desde mis años de estudiante en Valladolid. Creo que fue Dionisio Gamallo Fierros (que entonces merendaba dos docenas de pasteles en la épica —según él decía— confitería de Ercilla vallisoletana) el que nos procuró las entregas de poesía no venales que con el título de *Albor* publicaba en Pamplona Díaz Jácome. Una de ellas, de 1941, eran *Cinco poemas* de Blas de Otero Muñoz. Nos impresionó a todos. Al año siguiente —yo ya en Madrid—, casi a la vez que *La poesía de San Juan de la Cruz* —era el centenario del carmelita— de Dámaso Alonso, nos llegó el *Cántico Espiritual* de Blas. Luego, vinieron *Ángel fieramente humano* y *Redoble de conciencia* y otros poemas en revistas, y el trabajo que le dedicó Dámaso en *Poetas españoles contemporáneos*.

Así, con suficiente bagaje, me decidí a escribir a Blas (con el protocolario e inevitable *usted* de entonces) por si tenía algún poema posterior o secuestrado en el almario que pudiera servirme. En 26 de junio me mandó unos cuantos folios de lo que iba a incluir en *Pido la paz y la palabra* (en papel fino de copia, digo yo para que no pesara demasiado la carta), y me decía: "El titulado *Muy lejos* seguramente no podrá publicarse, y de *Hija de Yago* irán sólo la primera y última estrofa". Me venían muy bien para lo que yo quería, y le pedí permiso para incluirlos en el trabajo. En 27 de julio me daba su beneplácito: "Desde luego que puede utilizar *Hija de Yago* y *Muy lejos*". Pero en setiembre, ya en la imprenta mi discurso, atormentado sin duda por las "misteriosas" y los "soles" que le imponía el intento de eludir a la censura, me escribía: "y bien, en *Hija de Yago*, si se imprime, casi mejor suprimir de momento el verso 13". Era el famoso "Alángeles y arcángeles se juntan contra el hombre", que originariamente, según me confesó, sonaba "Falángeles". Obedeciendo su criterio suprimí ese verso pero imprimí los dos poemas. Yo sabía que los discursos universitarios no pasaban por ninguna censura; pero, con cauto disimulo, relegué los dos poemas a la letra pequeña de las notas a pie de página.

Las cartas siguientes confirman el interés cuidadoso de Blas sobre su obra y su difusión que muestra el epistolario ahora publicado que subraya Neira. Mi trabajo le gustó (dice en 9 de octubre "me ha dejado usted un poco anonadado" y "en la primera parte da usted muchas veces en el clavo, como si me leyera la mano"), y añade "Claro que me gustaría tener ejemplares". Y a fin de mes se lamenta "Qué pena edición tan limitada". Yo le envié cuantos ejemplares pude rescatar del reparto indiscriminado en el acto de apertura. Él me sugería nombres de destinatarios para evitar duplicaciones. En noviembre me anuncia el envío de más poemas: "unos [dice] son estancados por la censura, otros responden a otras facetas y otros no encajaron en libro o eliminé por su contenido. La verdad es que he escrito muchísimo, aunque se crea otra cosa, pero entre lo que he roto u otros motivos mi publicación es escasa". Y añade: "Dentro de un mes próximamente recibirá el nuevo libro". Era el 5 de noviembre; todavía esperaba impaciente las pruebas dos días después, en la carta a Pablo: "No me hagas rabiar y activa eso... vengan esas galeradas". Ya en diciembre, el día 10, me confiesa que "se retrasa un poco el envío del libro anunciado" y me cuenta que le han escrito la hispanista italiana Flaviarosa Rossini (futura traductora de *La Regenta* de *Clarín*) y José Luis García Rúa (entonces lector en Maguncia y ahora profesor en Granada y secretario de la CNT). Está encantado: Rúa va a dar un cursillo sobre Blas y sobre Pablo Neruda; y comenta: "figúrese que dice que con un tanto a mi favor, «sin tanta ampulosidad, más ascético»", y la italiana le dice "que me van a dedicar un número de *Situazione* que comenzó con César Vallejo". También me comunica en esta larga carta que presentará "seguramente" el nuevo libro al premio Larragoiti y me pregunta si conozco a alguno de los del jurado, "que huele un poco a rancio", y si convendría enviarles mi discurso "siempre que no se «escandalicen» por algunas cosas insertas en él". En 26 de enero del 56 (aparte de lamentarse de no haber visto a Ynduráin la víspera y de comentar la reseña del "Jubentú") vuelve a hablar del premio y de los jurados: "Astrana creo que me defiende, y Cabezas y algún otro; Gerardo y Cía, como lobos; por lo menos hago acto de presencia, veremos". También se muestra satisfecho de la reseña de *La Voz de Asturias*: "Qué bien Villa, verdad?" y no deja de aludir a las algaradas de los estudiantes de Madrid: "a la *vida* no se la puede camuflar ni acretinarla por mucho que quieran". Las cartas siguientes recogen noticias de la difusión de su libro y sobre todo se refieren a su viaje próximo a Oviedo y Gijón para dar un recital. A Gijón lo llevaba Taibo. En Oviedo, el jefe y el secretario del SEU (el ex ministro Fernando Suárez y el profesor Turiel, hoy o hasta hace poco del PC), me encargaron de invitar a Blas. La preocupación económica de Blas se refleja: "Qué cree Vd. me darán por la cosa? 1.500 estaría bien?", y también la cautela: "Seré prudente, hasta cierto límite, pobres señores". Después de algunos aplazamientos, el recital de Blas en el Aula Magna de la Universidad tuvo lugar el sábado 17 de marzo. Llegó en coche con unos amigos y por fin nos conocimos personalmente y decidimos, claro es, tutearnos. El recital fue extraordinario. Leyó, como él sólo sabía, sus poemas, en todo momento serio, entusiasta y circunspecto. ¿Se sintió responsable y a la vez satisfecho de un auditorio tan juvenil y propicio al contagio? No lo sé. Hizo algún comentario entre poema y poema y señaló (como recogía la prensa) que "No hay otra cosa que hombres de carne y hueso, y cosas hechas y dichas por ellos". Al final, fue "clamorosamente aplaudido". Cenamos con Villa Pastur y algún otro amigo. Al día siguiente paseamos por Oviedo y él fue a ver a su hermana en un convento de Colloto. Luego marchó a Gijón. Dos anécdotas recuerdo: una, el forcejeo entre los jerarcas del SEU y el rector; al pretender éste evitar el acto, incluso cortando el fluido eléctrico, sus oponentes se mantuvieron en sus trece y manifestaron que el recital tendría lugar aunque fuese a la luz de candiles; algunos profesores, desde el claustro alto, atisbaron subrepticios la aglomeración de público, no terciaron el manteo, torcieron el gesto, fuéronse y no hubo nada. No hubo nada hasta seis días después, cuando uno de esos señores ya difunto como consecuencia de un parejo berrinche de signo contrario, publicó el artículo purulento a que se refiere Neira[1]. Leído ahora parece terrible. A mí no me produjo entonces demasiada impresión; sólo la satisfacción de que su autor se hubiese desenmascarado. Y me consta que el artículo, tal como se publicó, es una versión edulcorada del original; el gobernador civil, santanderino de pro, Francisco Labadíe Otermín, lo prohibió en su estado primitivo y sólo tras negociaciones de varios días quitando madera permitió su aparición en *La Nueva España*. Labadíe hizo otras cosas dignas de elogio, que ahora no son del caso. He traspapelado las cartas de Blas en que comentaba este asunto. La otra anécdota ovetense es más oteriana. Cuando estábamos conversando en el café Peñalba, de literatura sobre todo, se habló del poeta Valverde y su sincero catolicismo. Yo referí un hecho transmitido por mi hermano, compañero en Filosofía de Valverde: ambos formaban parte de un coro universitario madrileño que hizo un viaje a Italia y, naturalmente, fueron a cumplimentar a Su Santidad ofreciéndole alguna de sus producciones vocales. Benditos adecuadamente por el Pontífice como colectivo coral, adelantóse Valverde y solicitó del sucesor de San Pedro una bendición especial para los poetas españoles, que, claro es, obtuvo. Acabado el cuento, Blas, que estaba más bien silencioso y en las nubes, me preguntó: "¿Qué día fue eso?" Y yo: qué sabía, sería hacia la primavera de 1949. Entonces Blas, grave e impávido, musitó: "Ya decía yo; algo raro ya sentí yo aquellos días".

Por último, para no prolongar este introito y limitarme al período de concepción, nacimiento y primeros pasos de *Pido la paz y la palabra*, esto es, a los años 55 y 56, recordaré las

---

[1] Se reproduce en apéndice al final de este libro (p. 237).

ocho o nueve horas que pasé en compañía de Blas, en Bilbao, creo que a fines de abril de ese año. Yo iba a un congreso en Florencia y me uní al grupo de estudiantes que en autocar pensaban hacer el viaje fin de carrera por Italia. No sé qué problema de visados en el consulado francés de Bilbao, obligó a detener allí la expedición muy de mañana. No pudimos embarcarnos hasta las 6 de la tarde. Aproveché el tiempo yendo a la Alameda de Recalde. Blas me acompañó por todo el Bilbao viejo, el bochito, hablando, hablando, hablando y explicando la topografía de las alusiones en el poema *Muy lejos* sobre el terreno. También compró un número de *Poesía española*. Tomamos un aperitivo y luego me invitó a comer (aunque algunos no se lo crean) en un restaurante que daba al Nervión; la cosa fue a base de angulas, merluza y buen vino. Hablamos un poco de todo. Después de una tertulia en un café y hartos de patear, Blas me propuso ir a su casa. Penetramos en el vestíbulo: Blas señaló pausadamente Sagrados Corazones y otras imágenes de bulto y llevándose el índice al pecho sentenció solemne "De tal palo tal astilla". Nos sentamos en su despacho: anaqueles desprovistos de los libros que vendió para ir a París. Yo, bajo los efectos de la digestión y proclive al mutismo, me callé. A él, que había estado hablando todo el tiempo, le entró de pronto la pájara y se encerró en un silencio pertinaz: miradas al techo, a la ventana. De vez en cuando las cruzábamos y enarcábamos las cejas, esbozando una sonrisilla de conejo. Así, casi dos horas, fumando, y algún monosílabo de respuesta a frases como "Todavía hay tiempo", "Ya", "Sí", hasta que cerca de las seis, irguiéndome, dije "Habrá que irse yendo". Y él: "Te acompaño". Y volvimos tan tranquilos y callados hasta donde estaba el autobús (por el Arenal). Nos despedimos efusivamente y al arrancar el autocar, Blas levantó la mano con pausa de bendición.

Después nos vimos poco, pero nos seguimos escribiendo. La última vez creo que fue en Oliver, de madrugada, con

Ángel González y algún otro poeta: lo encontré hierático y como dispuesto a zarpar hacia la niebla definitiva.

Este era (es en mi recuerdo) el Blas de la época de *Pido la paz y la palabra*. Espero que las mías, homenaje al poeta, a los editores del libro y al comentarista del epistolario, no hayan resultado demasiado prolijas.

Leído en la Biblioteca Menéndez y Pelayo de Santander, el día 2 de diciembre de 1987, con motivo de la presentación del libro Blas de Otero, *Correspondencia sobre la edición de* **Pido la paz y la palabra**, Edición, introducción y notas de Julio Neira, Madrid, Hiperión, 1987.

II
LA POESÍA DE BLAS DE OTERO

El hombre y la obra

1. Introducción

En el panorama de la poesía contemporánea creemos que hay pocas figuras tan sugestivas como la de Blas de Otero. Su obra, junto a calidades excepcionales de penetración en el lector, ofrece abundantes motivos de meditación a la mirada del crítico, según señaló hace tiempo Dámaso Alonso [1].

Blas de Otero Muñoz —como firmaba a los comienzos de su carrera poética— nació en Bilbao, en 1916. Su infancia transcurrió en Madrid y en su villa natal. Fue alumno de los jesuitas. En Madrid hizo el bachillerato y siguió la carrera de Derecho, que no ejerce, y la de Letras, que abandonó. Se dedicó algún tiempo a la enseñanza en Bilbao. Luego residió temporadas en Barcelona, viajó del Atlántico al Pacífico, pasó por París, vuelve de vez en cuando por Bilbao. Entre tanto, ha recorrido España de pun-

---

[1] D. Alonso, *Poetas españoles contemporáneos,* Madrid, Gredos, 1952.

ta a punta. Esto es lo único objetivo que sabemos del hombre Otero. En varias ocasiones ha poetizado las huellas dejadas por los hechos fundamentales de su vida, y aunque no siempre es prudente tomar al pie de la letra biografías poéticas, puede uno fiarse de la sinceridad del poema "Biotz-Begietan" [2]. Cinco hitos resumen, o más bien balizan, su decurso vital en este poema: la madre, la infancia —"la derrota del niño y su caligrafía triste"—, las trágicas experiencias de los veinte años, el despertar del escritor y el descubrimiento de París y de "las iras del espíritu". Es un poema de íntimo recogimiento, hilado con dos hebras afectivas y temporales que se entrelazan: la mirada que quiere ser fría y objetiva hacia el pasado y la actualización sentimental del pretérito. La lanzadera va de los precisos "yo nací de repente", "aquellos hombres me abrasaron", "aquí junté la letra a la palabra", "allí sufrí las iras del espíritu", a las afectivas apelaciones "hoy me contemplo como un ciego", "oigo tus pasos en la nie-

---

[2] PPP 53: "Ahora / voy a contar la historia de mi vida / en un abecedario ceniciento. / El país de los ricos rodeando mi cintura // y todo lo demás. Escribo y callo. / Yo nací de repente, no recuerdo / si era sol o era lluvia o era jueves. / Manos de lana me enredaran, madre. // Madeja arrebatada de tus brazos / blancos, hoy me contemplo como un ciego, / oigo tus pasos en la niebla, vienen / a enhebrarme la vida destrozada. // Aquellos hombres me abrasaron, hablo / del hielo aquel de luto atormentado, / la derrota del niño y su caligrafía / triste, trémula flor desfigurada. // Madre, no me mandes más a coger miedo / y frío ante un pupitre con estampas. / Tú enciendes la verdad como una lágrima, / dame la mano, guárdame / en tu armario de luna y de manteles. // Esto es Madrid, me han dicho unas mujeres / arrodilladas en sus delantales, / este es el sitio / donde enterraron un gran ramo verde / y donde está mi sangre reclinada. // Días de hambre, escándalos de hambre, / religiosas sandalias / aliándose a las sombras del romero / y el laurel asesino. Escribo y callo. // Aquí junté la letra a la palabra, / la palabra al papel. Y esto es París, / me dijeron los ángeles, la gente / lo repetía, esto es París. Peut être, / allí sufrí las iras del espíritu // y tomé ejemplo de la torre Eiffel. // Esta es la historia de mi vida, / dije, y tampoco era. Escribo y callo".

bla", "madre, no me mandes más a coger miedo y frío ante un pupitre con estampas", "dame la mano". Por los ojos del corazón va pasando la madre para enhebrar "la vida destrozada" de la "madeja arrebatada" de sus brazos, y abrasada por el "hielo aquel de luto atormentado", por los "días de hambre", los "escándalos de hambre". Y si sufrió las iras del espíritu, el poeta encontró también el ejemplo de la torre Eiffel, que ha de aparecer en sus versos como símbolo de firmeza y de reajuste ("mi fe es más firme que la torre Eiffel"), igual que años atrás ante las torres de Burgos. ("Ya me estoy modelando a tu figura / —quédate aquí para aprender tu estilo—, / levanto torres, abro un ventanal. / Estate aquí, persiste entre la altura / y el suelo; vuela, sueña, reza en vilo, / piedra de Dios, hermosa catedral" [PB].)

Otero se ha mantenido al margen de grupos literarios y colabora parsimoniosamente en revistas poéticas. Es poeta en apariencia poco prolífico, demasiado exigente: rompe mucho y publica con parquedad y con retraso. He aquí hasta ahora sus libros publicados: *Ángel fieramente humano,* que concurrió al premio Adonais de 1949 y fue injustamente preterido (publicado por *Ínsula,* Madrid, 1950). *Redoble de conciencia,* premio Boscán de 1950, editado en Barcelona, 1951. Con estos dos libros refundidos y otros cuarenta y tantos poemas de la misma época, publicó años más tarde (Barcelona, 1958) el volumen titulado *Ancia* [3], que viene a ser el reflejo de su primera etapa poética. Su segunda época se inicia —prosiguiendo el camino descubierto al final de la primera— con el libro *Pido la paz y la palabra* (Torrelavega, 1955), libro liminar de un conjunto del que ha ido publicando *En castellano* (con traducción francesa, *Parler Clair,* de Cl. Couffon, París, 1959, y Méjico, 1960),

---

[3] Estos poemas serían los que en un primer propósito iban a constituir los libros anunciados y nunca publicados *Complemento directo* y *Edición de madrugada.*

y *Que trata de España* (París, 1964). Además, en Puerto Rico (1963), se editó otro volumen, con poemas procedentes de unas y otras colecciones, titulado *Esto no es un libro*. De su labor previa a la recogida en estos volúmenes, y que el poeta no suele citar, se conocen: un cuadernillo (número 6 de "Albor", que dirigía en Pamplona Díaz Jácome, 1941) de *Cuatro poemas,* y en 1942, *Cántico Espiritual,* incluido en uno de los cuadernos del grupo "Alea" que veían la luz en San Sebastián. Cierto que estas dos obritas, igual que unas "Poesías en Burgos", publicadas en la revista *Escorial*, 34, agosto 1943, no añaden nada al valor poético de Otero; pero en poeta de tan escasa y condensada obra, son útiles para estudiar algunos aspectos de su poesía y conocer los orígenes de su formación poética.

En efecto, estas primeras poesías no obtuvieron excesiva resonancia. Sólo con la aparición de AFH, la crítica descubrió y elogió casi unánimemente al poeta. Y, sin embargo, sus composiciones primerizas preludian en cierto modo lo que entonces no sabía conscientemente Otero y luego nos ofrece en sus últimos libros. Pero la fecha —1941, 1942 o 1943— en que se publicaron sus primeras poesías no era la más adecuada para que una voz áspera y honda como la de Otero encontrara eco. Precisamente lo primero que llama la atención en CP, en CE o en PB es su total falta de parecido con la poesía que en general se escribía por aquellos años.

2. OTERO EN LA POESÍA DE LA POSGUERRA

La labor poética de la posguerra se abre bajo el signo de Garcilaso, cuyo centenario se había celebrado o comenzado a celebrar en 1936. Era natural que la primera etapa poética después de las hostilidades, como reacción ante una realidad hosca, buscara la tranquilidad de ánimo, el beleño que adormeciera pasiones o rencores. Para ello, nada mejor que el cultivo de una poesía con primacía de lo musical externo, el uso de melodías en que lo de menos fuese la carne de las palabras y lo más el canturreo que pudiera dar sopor a los ojos fatigados por tres años de lucha y reblandecidos por la luz hiriente de una realidad cruda. Tampoco habría que desechar el posible temor de muchos poetas a ser sinceros: para acallar los gritos interiores lo más adecuado era distraerse con minucias primorosas y abalorios formalistas.

Después, junto con la tendencia formalista, renace la poesía de tono religioso. La vuelta a Dios, sincera o no —que de todo habría—, era un portillo de escape por donde podían salir vivencias del poeta inexpresables sin la envoltura religiosa. Rara era la invocación a Dios en la poesía de la generación de 1927; ahora —años cuarenta—, en cambio, su mención se hace frecuente, insistente: Dios —creído o creado por el poeta— es el interlocutor a quien se dirigen poemas y poemas. Se explica: mientras el poeta de 1927 vive —tal Guillén— en un mundo que "está bien hecho", el poeta nuevo de la década de los cuarenta habita un planeta desquiciado; en casa, huellas de una guerra fraterna; en torno, las fuerzas universales desenfrenadas; decididamente, el mundo ya no está bien hecho, no hay posible asiento, faltan apoyos en lo visible, y el poeta busca realidades más altas e intemporales que le sostengan y le guíen. Si es creyente, posee ya estos seguros cables y se recoge al amparo de lo celeste; si la creencia le falta, la añora o la inventa o la sueña, y viviendo de este sueño hace de la necesidad virtud, y al Señor —si inventado no importa— se dirige pidiendo refugio y *repaire* de los vientos alborotados del mundo.

En relación con este tipo de poesía aparecen las primeras de Otero. Pero su tono es muy otro del gemebundo y romántico que, anunciado por Miguel Hernández antes de la guerra, renace ahora con fuerza de contagio extraordinaria. En reacción contra el garcilasismo comienzan los poetas a desangrarse, a angustiarse, a experimentar una danza de huesos mondos y crujientes en un tiempo en que nada hay seguro, a verse oprimidos por penas como Alpes de cuatro mil metros de altura en cuanto tropiezan con el más llevadero obstáculo.

Otero se mantiene lejos de esta tendencia que exacerbada dio en el llamado tremendismo. Se anuncia en sus primeras poesías una voz auténtica y sincera, que no se complace en sí misma, sino que va primordialmente dirigida a los otros. Sólo años más tarde, el ambiente llegó a hacerse sensible a este tipo de poesía. Y uno de los libros que en esos años vino a recordar que en poesía lo importante era la sinceridad del poeta fue *Hijos de la ira,* de Dámaso Alonso, uno de los de la generación de 1927. *Hijos de la ira* rompe violentamente con el formalismo, irrumpe virulento en el marasmo poético y sacude las conciencias, transformando esa poesía de plegarias e imprecaciones generales a la divinidad en confesión profunda, tremenda en algún caso, aunque no tremendista. Naturalmente, si consideramos el libro de Dámaso Alonso como inicio de una poesía más humana y auténtica en la posguerra, no dejamos de ver que el viraje latía en el ambiente y apuntaba aquí y allá. Blas de Otero queda incurso, pero sin dependencia, en esta nueva ruta, que el mismo Dámaso Alonso ha llamado de "poesía desarraigada". Pero igual que había permanecido alejado de la retórica del regateo y del jugueteo brillante con palabras y conceptos exquisitos, se mantiene ahora distante de caer en una nueva retórica de la desesperación y del andar por casa con frases y muletillas de lenguaje conversacional.

Así las cosas —nos referimos al telón de fondo sobre el que crecen y maduran los nuevos poetas: garcilasismos, religiosidad más o menos sincera, hipérbole desesperada, humildad de lenguaje—, el poeta busca apoyos exteriores y se vuelve a los demás: el poeta ya no *se* canta, está cantando por todos los demás hombres. Esta posición lleva a lo que se ha llamado poesía social, y que sería un ejemplo más de la progresiva despersonalización del mundo, de la cada vez mayor dependencia de todos con los otros en la sociedad, de la imposibilidad —en un futuro ya muy cercano, inmediato— de la antigua torre de marfil del poeta. Del yo, se va cayendo en el nosotros. Como "social", tal poesía que no canta un yo sino pretende cantar un nosotros, que no busca resonancias en otro yo sino en otro nosotros, ha de tocar los temas que *nos* interesan en cuanto humanidad, en cuanto comunidad humana, y no que *me* interesan en cuanto persona única. Mas este tipo de poesía tiene un límite: el fenómeno poético es único, lo social es mostrenco. Blas de Otero soluciona el conflicto, evitando caer en lo que se llama literatura comprometida, *engagée,* aunque no la muevan jerarquías políticas de ninguna clase. Claro que podría distinguirse entre poesía comprometida —en la que el poeta se compromete consigo y en sí mismo, dándose graciosamente, sinceramente— y poesía empeñada, donde el escritor se empeñaría, se daría *en peños* a cambio de alguna terrena bicoca material y seria, por tanto, inauténtico. En este sentido sí se compromete Otero, pero no se empeña.

Le encontramos, pues, en la poesía de la posguerra siguiendo un camino muy personal y apartadizo, aunque en él aparezcan estas tres tendencias —religiosa, "desarraigada" y "social"— que hemos indicado. En ninguna de ellas es mero seguidor de una moda poética: como más adelante veremos, toda su poesía es extremadamente unitaria, y desde el principio apuntó con seguridad a la misma meta.

En esto —unidad en la variación— recuerda Otero a su gran conterráneo don Miguel de Unamuno. No creemos demasiado en predisposiciones anímicas condicionadas por la raza o el ambiente, pero no deja de ser curiosa la coincidencia entre Unamuno, bilbaíno de apellidos vascos, y Otero, bilbaíno de apellidos castellanos. Ante el idioma y el verso, aunque su lengua materna sea el castellano, ambos adoptan una posición análoga y dan la impresión de estar luchando a brazo partido con la lengua, como si ésta no fuera consustancial con ellos, sino un duro material del que como escultores arrancaran a gubiazos los elementos precisos. Ambos parece que consideran las palabras como algo casi sólido, con calidades táctiles, y no soplos rítmicos solamente. La música, el valor musical del verso es para los dos algo secundario —si bien en Otero por renuncia y no por incapacidad—; la melodía es interna, de pensamientos sentidos o sentimientos pensados, más que halagadora al oído; poesía más bien plástica, más bien hecha para el gusto y el tacto que para el oído. El parentesco es también visible en el terreno de las vivencias que alimentan sus creaciones —no en su desarrollo—: en ambos es básica la actitud agónica ante el problema metafísico por excelencia, el de la muerte, aunque no coincidan los dos en el ángulo de sus angustias. En fin, para ambos la poesía cumple más una función de apelación que de simple manifestación o exteriorización del poeta. Unamuno ha sido uno de los primeros maestros de Otero, a pesar de las protestas contrarias de éste, que frente al "ensimismamiento" unamunesco ha ido derivando a un progresivo "enajenamiento" [4].

Más satisfaría a Otero que se busquen sus raíces en el otro grande del siglo xx, en Antonio Machado. En efecto, con muy otro temperamento, el verbo claro y directo de don Antonio ha sido absorbido y asimilado por Otero. Sin embargo, al hablar de fuentes no prejuzgamos una dependencia directa de Otero a ellas. Nos referimos más bien a las tradiciones poéticas que por su temperatura idónea han podido afluir a la vena de Otero, bien por su expresión, bien por su contenido. Las mencionamos solamente, puesto que no es nuestro propósito hacer un estudio comparativo ni de transmisión de te-

---

[4] Véase, por ejemplo, el poema "Calle Miguel de Unamuno" (QTE 139-140).

mas o tópicos poéticos. Junto a los dos poetas citados, entre los modernos, hay que situar en primer plano al peruano César Vallejo. De lo más antiguo, obras de tipo religioso: el Antiguo Testamento, San Juan de la Cruz, fray Luis de León; en fin, la poesía grave del grave don Francisco de Quevedo. En cuanto a la expresión es probablemente Quevedo el más cercano a Otero —alternando con la frase tradicional de tipo cancioneril—, si exceptuamos los poemas de *Cántico Espiritual* donde, en homenaje consciente a Juan de Yepes en el año de su centenario, hay un fuerte aporte del poeta carmelita, más en la forma y el vocabulario que otra cosa, junto con patentes huellas —sin duda adrede— de fray Luis.

3. "... Y ASÍ QUISIERA LA OBRA"

Con estas palabras titula Otero las notas en prosa que anteceden a la selección de sus poesías incluida en la *Antología consultada.* Ellas nos pueden servir de guía para adivinar lo que el poeta pretende con su poesía y darnos una idea de lo que puede ser su poética. Notemos, en primer lugar, que el título nos dice bien a las claras que Otero no va a explicar su poesía ni a definirla, sino simplemente exponer el *ideal* ("así quisiera") a que tiende. Tampoco dice "poesía", sino sólo *obra;* nos parece que Otero considera sus poemas como el resultado de un trabajo, casi manual, e inacabado hasta que la muerte lo corone, como a un edificio al rematarse su techumbre, con un ramo verde. En un poema primerizo (*CP,* "La obra") se nos apunta esta significación de *obra:* la obra poética es la misma vida; así, escribe: "He de poner, cuando me muera, un alto ramo de oliva en el término de la obra". La prosa de " ... Y así quisiera la obra" se ha de entender, pues, como la expresión del ideal vital y poético del poeta, al cual intenta ajustarse según camina, según va haciendo camino.

Lo que interesa al poeta no es la poesía, es la vida; trata de evitar la "literaturización" de la vida. Otero no es "literato": "la poesía como sucedáneo de la vida no nos interesa en absoluto, sí como añadidura". Por ello sus versos son vitales y no mero producto de laboratorio; expresan a un hombre y no a un literato:

> Porque escribir es viento fugitivo,
> y publicar, columna arrinconada.
> ....
> Vuelvo a la vida con mi muerte al hombro,
> abominando cuanto he escrito: escombro
> del hombre aquel que fui cuando callaba.
> Ahora vuelvo a mi ser, *torno a mi obra*
> *más inmortal:* aquella fiesta brava
> del vivir y el morir. Lo demás sobra.
>
> (RC 65; A 157)

Puesto que le interesa la vida, su arte es realista: "¿Realismo? —dice— Al fin y al cabo, todo el arte ha de ir realizándolo el hombre con sus manos. Fijarse bien: *real-izándolo*". Con un juego de palabras de tipo etimológico popular, Otero nos manifiesta esta calidad manual del trabajo poético, obra de hombre, que *iza* su fantasía a lo *real*. Lo cimero es, pues, lo real, adonde deben aflorar en vida los oscuros productos de las subterráneas galerías interiores. Ya en "Poesía humana" (CE 23), el poeta escribía:

> De abajo nace el canto.
> De abajo nace y sube hasta la altura.
> Cerrado a cal y canto,
> con su ventana pura,
> se adolece oteando la Hermosura.

Y años más tarde, consciente de su camino, insiste:

La realidad me llama con la mano.

....

La realidad me dice:
así es la vida,
yo soy la semilla
de mí misma. Dame
tu mano. Y caminemos.

(QTE 38)

Nuestra realidad es el mundo; la poesía ha de estar "de acuerdo con el mundo", para que en él sea eficaz el trabajo, la obra: "hablamos de las cosas de este mundo" (QTE 43). Otero escribe: "Creo en la poesía social, a condición de que el poeta —el hombre— sienta estos temas con la misma sinceridad y la misma fuerza que los tradicionales". Aunque no se le oculta "lo difícil que es hacerse oír de la mayoría", piensa que "seguramente la causa de tal desatención está más en la voz que en el oído". Aquí, Unamuno, que opinaba algo parecido —si bien con otras intenciones—, habría recordado el discurso que escucharon tan atentamente los cabreros a Don Quijote. El toque para atraer a la mayoría está en llamarlos, apelarlos —poesía de apelación insistente es la de Otero—, hermanarse y vibrar armónicamente. Y la "tarea para hoy" será "demostrar hermandad con la tragedia viva, y luego, lo antes posible, intentar superarla". Labor de apostolado es para Otero la poesía; no tanto de atracción de la "inmensa mayoría", sino más bien de sumergimiento en ella, de poner el dedo en las llagas que padece y sufrirlas con ella, de manera que así despierte y comience a levantar las ruinas. Otero se ha comprometido consigo mismo y cada vez más penetra en el tema social: no pretende venir con iluminaciones personales, sino que las va descubriendo en la "inmensa mayoría" a que dirige sus libros. Pero —es natural— aunque intente hablar en nombre de todos, su creación es personalísima y sus poemas están lejos de cualquier mostrenca aleluya de circulación popular. Lo que pretende es huir de la torre de marfil característica de otras décadas y oponer a la refinada "inmensa minoría" de Juan Ramón una también "inmensa mayoría" de hombres de carne y hueso, que, al igual del poeta, nacen, viven, aman, sufren, mueren, en un mundo "como un árbol desgajado".

La obra de Otero es, pues, una tarea, tarea de por vida, de despertador de la conciencia humana, de apelación a la íntima verdad. (Y aquí otra vez, el inevitable recuerdo de Unamuno; ¿por qué estos dos vascos se sienten llamados a despertar con un insistente —aunque distinto— mensaje de sinceridad a los demás hombres?)

En cuanto al trabajo propio de la poetización apenas dice nada Otero en las notas en prosa que hemos ido glosando. Esta frase: "Corrijo, casi exclusivamente, en el momento de la creación: por *contención,* por *eliminación,* por *búsqueda* y por *espera".* ¿Qué puede sacarse en limpio de esto? Los dos primeros motivos —contención y eliminación— explican esa densidad de los versos de Otero, su precisión y exactitud. Los otros dos nos indican lo lento de su producción pública, y lo escaso. Ya en el poema "La obra" (CP 1) decía el poeta:

> Lenta pluma,
> alto trabajo firme y pensativo
> contándome las horas por la espalda.

Versos en los cuales se vuelven a encontrar los conceptos de lentitud, firmeza, trabajo y reflexión que informan los motivos de las correcciones señalados por Otero, y que son necesarios porque "vamos a hacer bien las cosas, alma mía" (CP 1). Hay, no obstante, otros motivos de corrección, que se observan al comparar ediciones sucesivas de algunos poemas: podríamos llamarlas por *encuentro* de lo que primero buscó y no encontró el poeta; son modificaciones en que clarificadas para él mismo sus intenciones, el poeta ha podido expresarlas más fiel y directamente.

4. Búsqueda del camino poético

A una primera lectura salta a los ojos la diferencia entre *Cuatro poemas, Cántico Espiritual* y *Poesías en Burgos* de una parte, y de otra, los libros recogidos en *Ancia* y volúmenes posteriores. Parecen casi de autores distintos. En las primeras obras son perceptibles huellas directas de otros escritores y su intención no aparece tan clara y segura como en las últimas. No obstante, a un examen más atento, es innegable el parentesco de ambos grupos de poemas, y queda patente la unidad de intención, aunque no del todo consciente en los primeros.

Desde un principio parece que Otero ha sabido lo que quería con su poesía, y su aprendizaje ha ido derecho y sin vacilaciones a su blanco. Evidentemente, a los primeros libritos les faltaba esa estructura orgánica recia que ofrecen los ulteriores. Pero en ellos se vislumbra ya lo que es el camino del poeta, tanto en las vivencias que poetiza como en los procedimientos que para ello emplea. Desde el inicio, el poeta está seguro de sus posibilidades; el realizarlas es sólo cuestión de tiempo y de sedimentación y de poda de la frondosidad. En *Cántico Espiritual*, dos poemas nos anuncian los propósitos del poeta. Uno dice:

> Haremos una imagen
> tan nueva, que los ojos se despierten,
> y los ángeles bajen,
> y los niños acierten
> la médula del mundo en que se vierten.
>
> Haremos una prosa,
> un verso, tan distintos y no usados,

que sean mariposa
junto a rumor de arados
abriendo surcos nuevos, no escuchados.

Tú, Señor, que me has hecho,
e hiciste al mundo bello como un astro,
enciéndeme en el pecho
esa luz y ese rastro;
rasga la pesadez del viejo austro.

Que ya todas las voces
me parecen oscuras, profanadas;
y sólo con tus roces,
de nuevo rescatadas,
podré batir las alas desplegadas.

"En el principio..." Dame
la creación devuelta con mi mano
a aquella luz; y enrame
la puerta de lo arcano
con palabras de fe, libre y humano.

Venid, venid a oírme;
ya siento los misterios desplegarse,
y sé que van a abrirme
la voz donde extasiarse,
la voz donde quedarse y olvidarse...

En estas liras se observa cómo Otero pretende abandonar las voces "oscuras" y "profanadas" y encontrar un verso *distinto* y *no usado* que despierte a los ojos y una el vuelo de la mariposa al humano rumor del arado para iluminar la creación con la primera luz de la aurora, y para explicar o vencer los arcanos misterios "con palabras de fe", y humanamente, libremente. Se siente llamado, elegido, para tal misión, y así, en el otro poema, el soneto titulado "Amiga de la luz" (CE 45), canta:

Para alumbrar el agua que yo siento
latir en mis entrañas redivivas,
y poderlas soltar, hacerlas vivas,
como corzo de Dios, manos del viento,

tiene que reposar mi pensamiento,
limpiarse de hojarascas sensitivas,
y entonces, sí, las aguas hoy cautivas
brotarán hacia el mar, como un lamento.

Lamento que me dé la voz de todo,
y todo, a su llamada, se recoja.
No esta voz muerta, espumear de lodo,

sino aquella final, timbrada y firme,
amiga de la luz y de la hoja
en el viento de Dios en que he de irme.

Aquí Otero está ya plenamente seguro de su misión casi
profética. Siente en sus entrañas la buena nueva que debe llevar a los demás hombres. Para cumplirlo, como los profetas,
debe imponerse una temporada de ascetismo y penitencia en
el desierto: "tiene que reposar mi pensamiento", "limpiarse
de hojarascas sensitivas". Puro y desnudo, podrá volver a derramar las aguas cautivas, como un lamento. Este lamento,
represado, mondado y pulido en la penitencia, serán sus dos
libros *Ángel fieramente humano* y *Redoble de conciencia,* que, en
efecto, dan la voz de todo lo humano, voz apocalíptica, "timbrada y firme". Ahora ya el poeta sabe su misión, a que antes
aludíamos, y viene a sacudir las dormidas conciencias, a "pe-
dir la paz y la palabra" para que el mundo le escuche.

Hay, por tanto, una unidad profunda en toda la poesía de
Blas de Otero. El mundo está en peligro. El poeta viene a in-
corporarse en la inmensa mayoría para incrementar su lamento e intentar elevarse a la paz. Sus primeras poesías re-

presentan el período de preparación para la tarea. En *Ángel fieramente humano* y *Redoble de conciencia* el poeta inicia y prosigue su misión entre los hombres mostrando su hermandad con ellos —todos sufren, todos son humanos, todos llevan el dolor de Dios y de los hombres, todos quieren vivir—. Finalmente, en *Pido la paz y la palabra* parece comenzarse la etapa de construcción que exigía Otero, con una escala de valores muy sencilla: creer en el hombre, en la paz, en la patria. Todo resumido en esto: "Yo doy todos mis versos por un hombre en paz" en la patria del hombre — "el cielo raso de sombras esas y de sueños esos" (PPP 10, 40).

5. "ÁNGEL CON GRANDES ALAS DE CADENAS"

En la poesía de Otero, como en la de todo poeta esencial, los temas se reducen al *tema*: el problema del hombre. Todo lo demás está subordinado a ello y visto *sub specie aeternitatis* o *sub specie mortis*. No busquemos otros temas. La primera cuestión es el yo, luego el yo y el tú, finalmente el nosotros —todos los hombres, o bien la parcela de humanidad asociada a un mismo terruño—. Necesariamente el poeta que de este modo se hace cuestión de sí mismo tropieza con Dios o con su ausencia. El tema del yo es, pues, el de la muerte y la pervivencia, y correlativamente el de la nada y Dios, como negadora y creador, respectivamente, de eternidad. Por ello Dámaso Alonso ha podido decir que toda auténtica poesía es religiosa, no en el sentido de adscripción a determinados credos o de obediencia a determinadas iglesias, sino en la acepción más etimológica de religación del hombre con algo que explique y sostenga su existencia. No es necesario advertir que aquí no se trata de las creencias del hombre Otero, sino de las vivencias que nutren su poesía. Dios es aquí sólo tema poético y no es nuestra labor analizar los problemas teológi-

cos derivados de esa poesía, sino examinar el valor que tal
concepto o sentimiento presenta en su sistema poético.

El Dios de la poesía de Otero —en su primera parte—
parece a veces el terrible del Antiguo Testamento; para nada
aparece el aspecto humano de Dios encarnado en Cristo, al
contrario que en otros poetas de su promoción, en los cuales
la inspiración religiosa es ternura, caridad. Para Otero, Dios
es problema, y es como el Dios que postulan ciertas filosofías,
pero menos abstracto que el de éstas y con atributos de raigambre y tradición esencialmente cristiana y particularmente mística (aquí, otra vez, San Juan) [5]. Al principio (en *Cántico Espiritual*) adopta Otero una posición análoga a la del
místico que adolece atravesando la noche oscura de la nada
del mundo en espera de Dios. Tiene la esperanza de encon-
trarlo y suspira por su llegada:

> Mis ojos se adelgazan suspirando
> la llegada de Dios a mis andenes.
> ....
> Soy un arco de Dios que se estremece.
> Soy una vana potestad de ausencias.
>
> (CE 10, 11)

Y aunque el mar del mundo esté airado, el poeta sabe
dónde dirigirse:

> Oh dolencia del mundo, Señor nuestro,
> si no nos tienes Tú como una isla

---

[5] Sólo, que sepamos, tres poemas —y de los primeros— se dirigen
explícitamente a Jesucristo. Uno son tres quintetos del cuaderno de "Albor" *Cuerpo de Cristo,* los otros dos aparecen en *Cántico Espiritual* y son los
titulados "Villancico" y "A que sí".

> sobre el agua; flotando con su flora
> de ansias y su fauna de apetitos.
>
> ....
>
> Ay que se cae el alma, que se cae,
> si no la tienes Tú ligeramente!
>
> ....
>
> Nivélanos al alma con el cuerpo,
> la boca con los ojos. Ponnos firmes,
> ponnos de pie, encima de tu gracia.
>
> (CE 12)

Pero más tarde el ansia divina del poeta se corresponde con los estados de sequedad de los místicos cuando están "pensando... que los ha dejado Dios": Entonces es más intolerable la aridez del panorama de la vida. El poeta se encuentra en un "mundo como un árbol desgajado", y a su alrededor "unos hombres sin más destino que apuntalar las ruinas" (AFH 13). He aquí la situación del hombre, en el poema "Lo eterno", que inicia *Ángel fieramente humano* y presenta los motivos de que son variaciones los poemas del libro:

> Sólo el hombre está solo. Es que se sabe
> vivo y mortal. Es que se sabe huir
> —ese río del tiempo hacia la muerte—.
> Es que quiere quedar. Seguir siguiendo,
> subir, a contra muerte, hasta lo eterno.
>
> Le da miedo mirar. Cierra los ojos
> para dormir el sueño de los vivos.
>
> Pero la muerte, desde dentro, ve.
> Pero la muerte, desde dentro, vela.
> Pero la muerte, desde dentro, mata.
>
> (AFH 13-14.)

El poeta ha sufrido, sufre las "iras del espíritu". Se debate con sentimento agónico entre el pasar del río manriqueño y el deseo de quedar, entre el sueño de la vida y la corrosión interna e inexorable de la muerte. Hay que buscar al Inasible, luchar con él para retenerlo y dar así razón a la existencia y asegurarse la única posibilidad de pervivir. Pero el cielo padece fuerza. El poeta sólo halla en torno el mudo y "poderoso silencio". Tiene que despertarlo, llamarlo a gritos, sacudirlo a manotazos; de ahí su poesía:

> Quiero tenerte,
> y no sé dónde estás. Por eso canto.
>
> (AFH 61)

Dios se esconde de él, y el hombre está solo y lucha desesperadamente:

> Luchando, cuerpo a cuerpo, con la muerte
> al borde del abismo, estoy clamando
> a Dios. Y su silencio, retumbando,
> ahoga mi voz en el vacío inerte.
>
> Oh Dios. Si he de morir, quiero tenerte
> despierto. Y, noche a noche, no sé cuándo
> oirás mi voz. Oh Dios. Estoy hablando
> solo. Arañando sombras para verte.
>
> Alzo la mano, y Tú me la cercenas.
> Abro los ojos: me los sajas vivos.
> Sed tengo, y sal se vuelven tus arenas.
>
> Esto es ser hombre: horror a manos llenas.
> Ser —y no ser— eternos, fugitivos.
> ¡Ángel con grandes alas de cadenas!
>
> (AFH 37)

El hombre clama y resulta que está hablando solo; intenta desplegar las alas de sus anhelos y se convierten en cadenas atadas a la tierra; las raíces mortales y terrestres del hombre retienen las frondas de sus ansias y entusiasmos. Está solo, como un cantil entre abismos temerosos. Entonces llega un momento en que el grito, fatigado ya de no encontrar respuesta, es puro aullido para espantar la muerte ("porque los muertos se mueren, se acabó, ya no hay remedio" [RC 27]). Entonces, cuando "detrás del hombre viene dando gritos el abismo", cuando "delante abre sus hélices el vértigo" y cuando "ahogándose en sí mismo, en medio de los dos, el miedo crece", entonces el poeta desesperado se deja caer:

> Humanamente en tierra, es lo que elijo.
> Caerme horriblemente, para siempre.
> Caerme, revertir, no haber nacido
> humanamente nunca en ningún vientre.
>
> (A 75; RC 23)

Y en la tierra, en la patria del hombre, el poeta ve a éstos, debatiéndose del mismo modo:

> Desesperadamente, esa es la cosa.
> Cada vez más sin causa y más absorto
> qué sé yo en qué, sin qué, oh Dios, buscando
> lo mismo, igual, oh hombres, que vosotros.
>
> (AFH 34)

Ahora, el poeta, juzgando inútil la fe solitaria, se olvida de sí mismo y empieza a caminar hacia sus semejantes en busca de otra fe que los salve a todos y no sólo a él.

Todavía hay un intento de hallar el apoyo que lo sostenga, de encontrar el ancla que retenga la barca del poeta "halando hacia la muerte a remo y vela" (RC 21). Es el amor humano. Mas tal tema no constituye en Otero lo que se suele llamar poesía erótica o amatoria. El amor humano, desde el principio de su obra, es en Otero un posible liberador del hombre y de su muerte; por tanto, un camino también de búsqueda de Dios:

> Dame el amor que me libere dentro,
> esa muchacha blanca y sonriente,

dice el poeta ya en el poema primerizo "La obra" (CP).

No extrañará que los poemas amorosos —llamémoslos así— de Otero se enlacen por su sentimiento y sus expresiones con los otros poemas agónicos de soledad. Así, en CE 13, vemos cómo se mezclan ambos amores, divino y humano:

> Te canto a Ti con el amor divino
> y este rescoldo del humano amor.

En el cuerpo de la mujer, el poeta descubre una luz trascendida de Dios y tras ella va:

> hambriento, sí, ¿de quién?, de Dios sería.
> (AFH 24)

Pero luego todo habrá sido un espejismo: queriendo lograr alzarse a las frondas divinas, el poeta cae más en la sima:

> ... después de tanta luz, de tanto
> tacto sutil, de Tántalo es la pena.

Y descubre que al final:

> Suena la soledad de Dios. Sentimos
> la soledad de dos.
> (AFH 21)

Ha sido inútil la experiencia. Para ver a Dios, para encontrar un sentido a la vida, el escaso relámpago del amor humano es insuficiente:

> Oh Dios, oh Dios, oh Dios, si para verte
> bastara un beso, un beso que se llora
> después porque, ¡oh por qué!, no basta eso.
>
> (AFH 22)

No basta, no. Para alcanzar los altos ramos divinos no conduce a nada revolver los limos terrestres:

> Es locura creer que pueda verte,
> ¡oh Dios, abriendo, entre la sombra, limos!
>
> (RC 38)

6. La inmensa mayoría

Y ahora se produce el nacimiento de una nueva fe en el poeta. Después de amar, vivir, morir por dentro, el poeta ha bajado a la calle; deja el encierro del yo y se pierde en el mar del nosotros. Después de luchar con "sombras" y con "sueños", de haber elevado los brazos en busca de luces, el poeta ha caído en el suelo:

> Este es mi sitio. Mi terreno. Campo
> de aterrizaje de mis ansias. Cielo
> al revés. Es mi sitio y no lo cambio
> por ninguno. Caí. No me arrepiento.
>
> (PPP 40)

Allí descubre otras luces, a los hombres hermanos suyos, y se decide:

Definitivamente, cantaré para el hombre.
Algún día —*después*—, alguna noche,
me oirán. Hoy van —vamos— sin rumbo
sordos de sed, famélicos de oscuro.

(AFH 49)

"Definitivamente cantaré para el hombre." Le importa poco que por el momento no le oigan. Llegará la hora —*después*— en que la semilla fructifique. El poeta tiene fe, aunque todavía vayan los hombres sin rumbo. Tiene fe en su canto, que es un alba, aquellas antiguas aguas de sus entrañas que para salir requerían la madurez reposada del pensamiento y el despojo de toda impureza y hojarasca. Ya es "otro tiempo", el poeta mece "otras brisas", roza "otros temas", puede exclamar, aceptando su suerte y su situación:

Tengo la dicha
de ser hombre y de sentirme unido
a todos.

(AC 195)

El olvido de sí mismo, la caridad para los hermanos han hecho brotar el asidero, la fe que tanto había perseguido. Ya ve su destino: se dirige a todos, a la inmensa mayoría, a esa "fronda de turbias frentes y sufrientes pechos" (RC 13) que, como antes el poeta, luchan hacia y contra Dios. Ahora ya no importa la soledad del hombre: el ser hombre es bastante y hay que saber serlo, saber ser "sólo humanos". Esta verdad, "amiga de la luz", es la que Otero descubre que hay que alumbrar en los hombres. El redoble de su conciencia se lo ha hecho ver claro. Pero todavía el poeta no sabe cómo ayudar a los hombres:

Tachia, los hombres sufren. No tenemos
ni un pedazo de paz con que aplacarles...

(A 150; con variantes, PE 18)

He aquí la palabra: paz. He aquí la luz adonde elevar a los hombres: paz. El poeta se despoja de sí mismo, echa por la borda todo —"lo que era mío y resultó ser nada" (PPP 13)— y se queda solo con la *palabra,* la palabra que fue en el principio, para con ella obrar. Ha destruido sus sueños y en su lugar siembra palabras vivas. Despojado de sí — "hoy no tengo una almena que pueda decir que es mía" (PPP 64)—, el hombre se hunde en los hombres, y "aunque el camino, ¡aúp!, es empinado" (PPP 49), su fe no decae y lanza su palabra, vocea la paz:

> No me resigno. Y sigo y sigo. Y si
> caigo, gozosamente en pie, prosigo
> y sigo, sigo. Si queréis seguirme,
> ahincad el paso y escuchad el mío.
>
> Eché la noche por la borda. Al borde
> del vértigo, viré y cambié de sitio.
> Hoy hilo, hilo a hilo, la esperanza
> a ojos cerrados, sin perder el hilo.
>
> Allá voy voceando paz, a pasos
> agigantados, avanzando a brincos
> incontenibles. Si queréis seguirme,
> ésta es mi mano y ése es el camino.
>
> (A 154)

De este modo la paz aportará la alegría:

> Para el hombre hambreante y sepultado
> en sed —salobre son de sombra fría—,
> en nombre de la fe que he conquistado:
> alegría.
>
> (PPP 58)

Y en paz y alegría los hombres podrán entrar

a pie desnudo en el arroyo claro,
fuente serena de la libertad.

(PPP 66)

7. "Madre y maestra mía, triste, espaciosa España"

No puede extrañar que el poeta, vuelto a los hombres, deseando darles paz, perciba las consecuencias de la guerra mundial y conciba a Europa y al mundo en una situación de angustia, de desorientación como la del hombre que experimenta la congoja de su muerte personal. La sangre inunda Europa:

> ... voy sobre Europa
> como en la proa de un barco desmantelado
> que hace sangre...
> ... avanzo
> muy penosamente, hundidos los brazos en espesa
> sangre...
> ... no veo más que sangre,
> sangre,
> siempre
> sangre,
> sobre Europa no hay más que
> sangre.

(AFH 56-58)

Y el mundo, como el hombre, no sabe adónde va, dónde apoyarse:

> Parece como si el mundo me mirase a los ojos,
> que quisiera decirme no sé qué, de rodillas;
> alza al cielo las manos, me da a oler sus manojos
> de muertos, entre gritos y un trepidar de astillas.

(RC 57)

El poeta sería capaz de entregarse como víctima propiciatoria: que le echasen tierra y que los hombres arasen en paz.

Pero es sobre el pedazo de mundo que constituye España, donde Otero quisiera derramar y vocear sus palabras de paz. España aparece en su poesía, sobre todo en la última, como el blanco inmediato de su interés y de sus apelaciones. Y en esto no es el único poeta de su promoción. Ni entre éstos ha aparecido por primera vez el tema. Ya existe una larga tradición, en la literatura española, de escritores que han auscultado el terruño y el clima nacional. La consideración de España como un problema, como una cuestión candente que requiere soluciones aportadoras del necesario perfil de equilibrio es ya antigua. Son los del 98, y con ellos Ganivet y Rubén Darío en sus poemas "sociales", los que primero bucean en el alma nacional, en esa particular contextura del alma nacional que duda acerca de su esencia: el español de *élite* parece que siempre ha desconfiado de su "vividura". Y mientras un francés, o un alemán, o un inglés, saben muy bien a qué atenerse cuando dice Francia, o Alemania, o Reino Unido, el español no parece nunca estar al cabo de la calle al referirse a España. Esta preocupación de España fue uno de los arcos torales de la literatura del 98. Concebida como pueblo en agónica busca de sí mismo, vino a considerarse, en lo social, como el ejemplo colectivo de lo que en lo individual es el sentimiento trágico de la vida. Esta visión de la tierra española, tierra sideral que se devora eternamente las entrañas, en perpetuo descontento consigo misma, y que alcanzó las pinceladas más eficientes en la obra de Unamuno, es la que paradójicamente reaflora en los poetas jóvenes de la posguerra, y entre ellos, en Otero.

Cronológicamente, es cierto que otros le preceden (Bousoño o Nora) y que, si no nos equivocamos, es un poeta del 27, Dámaso Alonso, el que inicia, en 1944, esta vuelta al tema español con sus tres poemas dedicados a Unamuno en el libro *Oscura noticia*. El caso es que los nuevos poetas sienten el choque entre la prefabricada idea de la patria y su pasado glorioso y la realidad viva que les hurga en su interior; la "patria" choca con la "tierra natal" y brota la tormenta de rabia[6]. Advirtamos, sin embargo, que no es una concepción pesimista del destino de España; al contrario, miran al porvenir, o al porvivir, con ojos esperanzados y sueñan pertinaces con una España definitivamente en paz que no esté royendo ni se trague a sus propios hijos. Así, Otero pide:

> Para ti, patria, árbol arrastrado
> sobre los ríos, ardua España mía,
> en nombre de la luz que ha alboreado:
> alegría.

> (PPP 59)

Como el hombre, la patria debe asentarse en el suelo, al cielo raso de "sombras esas y de sueños esos", "real-izarse" y conquistar la misma fe que ha conseguido el poeta. Este ha visto "relámpagos de rabia, amor en frío..." y dice: "Creo en ti, patria", y

> aunque hoy hay sólo sombra, he visto
> y he creído.

> (PPP 75)

---

[6] Una intensa muestra de la vibración emotiva del poeta al producirse el contacto entre estos dos polos, el de la retórica y el de la objetividad, lo tenemos en un poema titulado "Hija de Yago", que lleva por lema dos versos del medieval poema de Fernán González ("Señor, ¿por qué nos tienes a todos fuerte saña? / ¡Por los nuestros pecados non destruyas a España!"), y que se incluye en PPP 19-20 (los versos eliminados dicen: "pisaba, horrible, el rostro de América adormida" y "Alángeles y arcángeles se juntan contra el hombre").

8. "Ni una palabra brotará en mis labios que no sea verdad"

Se ha podido advertir cómo Otero, ante sí mismo, ante los hombres, ante Dios y ante su patria, huye de toda hipocresía y hace que en sus versos penetren las cosas tal como son. Del mismo modo que Quevedo, tres siglos antes, Otero "no ha de callar":

> Mis ojos hablarían si mis labios
> enmudecieran. Ciego quedaría
> y mi mano derecha seguiría
> hablando, hablando, hablando.
>
> (PPP 15)

Su poesía es una constante exigencia de sinceridad. Abomina de su obra para tornar a la tarea: "aquella fiesta brava del vivir y el morir" (RC 65). A los hombres, "sentinas de hipocresía", les conmina a ser, a salir al día, pues "con ser hombres os basta" (AFH 50). El ambiente ciudadano dominado por los hombres a que llamó Jesús "sepulcros blanqueados" (Mateo 23, 27) le molesta:

> Nada
> me importas tú, ciudad donde naciera.
> Ciudad donde muy lejos, muy lejano,
> se escucha el mar, la mar de Dios, inmensa.
>
> (EC 66; PPP 27)

Por ello, se dice a sí mismo:

> ... desecha
> esos pensamientos, y vámonos al campo
> a ver la hermosura de la lavandera
> antes que el río muera entre sus brazos.
>
> (QTE 153)

La obra y la lengua

1. Poesía y lengua

Cuanto llevamos dicho no explica ni aclara la poesía de Otero. Hemos descrito a grandes rasgos, más que definido, el complejo de ideas y sentimientos, la concepción de la vida y del mundo que se desprende de la poesía de Otero y que sin duda están en su base. Pero estas vivencias en sí no constituyen su poesía. Las mismas ideas y sentimientos, otro autor hubiera podido expresarlas en forma de ensayos en prosa. Digan lo que quieran ciertos autores, la poesía no consiste en lo que se nos comunica, sino en cómo se nos comunica, en la indisoluble articulación del contenido semántico y la expresión lingüística. Apartemos ésta, y por muy poético que sea su contenido, al quedar inexpresado, desaparecerá la poesía.

Por ello, para intentar la aprehensión del mecanismo de una poesía no queda más camino que el análisis de su forma lingüística, aunque algunos denominen a éste, con cierto desdén, análisis formal [7]. Forma es la poesía como todo arte. Sin la forma, que configura y discrimina los contenidos suscitados por la intuición y el sentimiento, no queda nada: un caos incomunicable (y la poesía, se ha dicho, es esencialmente comunicación).

Téngase en cuenta, además, que al decir forma no debe entenderse sólo forma fónica (el conjunto de los sonidos en la secuencia), sino también la especial estructuración del contenido significativo dado por los valores de cada vocablo. Luego, no se olvide tampoco que la poesía no es el uso natural de la lengua, que es instrumento práctico de convivencia, y que

---

[7] Me refiero, por ejemplo, a S. Serrano Poncela, en su de todos modos admirable libro *Antonio Machado* (Buenos Aires, Losada, 1954), en cuya página 10 afirma —y en esto no le contradecimos— que "del poema vivido al poema pensado y convertido en obra poética hay una penosa distancia que sólo salva en parte la intuición y que se pierde aún más dentro de las ballenas de acero con que la palabra aprisiona la intuición forzosamente retenida". Pero luego señala "su desinterés hacia los procedimientos puramente formalistas en una labor de crítica poética". "¿Cómo llegar —dice— desde la palabra —conceptualización, cristalización— hasta el manantial de donde provino, sólo por medio de los valores lingüísticos de la propia palabra?" Y nosotros preguntamos: aun con todas esas limitaciones, ¿qué otro medio de comunicación nos ofrece el poeta sino la palabra? En el poema está todo lo que quiso y pudo darnos el poeta, no hay que esperar para captar sus intuiciones que el mismo poeta nos ofrezca un grueso comentario en prosa donde explique que quiso decir esto y lo otro y no pudo o se perdió al expresarlo. La poesía no se escribe para que revolvamos materiales e instrumentos extraños y podamos milimetrar las intenciones del poeta; la poesía se escribe porque el poeta siente en ello un placer estético y para que al leerla se reproduzca en nosotros. Si hay zonas del poema que resultan oscuras, será o por incapacidad nuestra como lectores o por falta de acierto en el poeta o simplemente porque éste no juzgó necesario aclarar más las cosas. La crítica literaria —no nos engañemos— no sirve más que para llamar la atención del desatento y para acostumbrar a leer al distraído. (Aludo a la verdadera crítica, y no a la que busca halagar o molestar a los autores).

por ello ha habido que hablar de "lenguaje figurado" y más modernamente —y con más pedantería— de "metalenguaje"; que la poesía no nos ofrece "representaciones" (Bühler: *Darstellungen*) objetivas u objetivadas, sino nos manifiesta (= *kundgibt*) algo subjetivo que debe despertar en nosotros una correspondencia también subjetiva; sobre todo, que el material transmisor de la poesía —la lengua: sonidos, palabras, frases— posee valores y significaciones utilitarios en la vida ordinaria que nada tienen que ver —o muy poco— con los valores poéticos. Así, vamos ahora a internarnos, en lo que nos sea posible, por la lengua poética de Otero y a tratar de descubrir algo de lo que origina su eficacia expresiva.

2. Tonalidades del sentimiento

Es sabido que las palabras, alrededor de su núcleo significativo intelectual, tienen como un halo consistente en las resonancias sentimentales y fantasísticas que a ellas asocian los hablantes. Lo típico de la poesía es precisamente que esta envoltura que pudiéramos llamar gaseosa pase al primer plano, puesto que el poeta no emplea tanto los vocablos para evocarnos representaciones intelectuales y utilitarias como para transmitirnos un estado de ánimo, sentimientos. Cada poeta selecciona las voces más idóneas, por sus particulares resonancias, para expresar sus vibraciones sentimentales. Por eso cada poeta, con sus sentimientos particulares y la temperatura típica de sus vivencias, suele tener predilección por determinados grupos de palabras. Igual que la sintaxis clasifica las palabras por su función en la frase, igual que un diccionario ideológico las ordena por el parentesco de sus conceptos, podríamos en poética clasificar los vocablos por las características sentimentales asociadas a su núcleo semántico intelectual, y tendríamos, por ejemplo, palabras "blancas" (como *nieve* o *paloma),* palabras "negras" (como *muerte* o *túnel),* palabras "suaves" (como *seda* o *murmullo),* palabras "ásperas" (como *roca* o *grito),* etc. Clasificación, pues, según el clima sentimental.

Pues bien: en cada poeta se puede encontrar una selección lexical de este tipo. Por eso traslaticiamente es posible hablar de poetas suaves o de poetas broncos, de poesía sosegada o de poesía hirviente, según el tipo específico de resonancias sentimentales que predomine en su vocabulario.

Entonces, no debemos olvidarlo, esas palabras agrupadas por su parecido sentimental o imaginativo en el poeta, tienen en su poesía una significación que puede distar bastante de su valor semántico meramente práctico, pues al aparecer con frecuencia se apoyan las unas a las otras y ponen en primer término su común denominador, esto es, su envoltura poética del mismo signo, quedando sólo al fondo su referencia conceptual.

¿Qué selección léxica se opera en Otero? ¿Qué temperatura interna de sentimiento nos reflejan las preferencias de su vocabulario? ¿Qué representaciones de fantasía quedan construidas con tales palabras?

Ruina y soledad

El hombre está solo, rodeado de ruinas. Este sentimiento del poeta, como vimos antes, empaña toda su poesía. El léxico lo refleja. El sentimiento de las ruinas lleva implícita la creencia de que *antes* —¿cuándo?— hubo un algo, algo que se ha deshecho y se añora. Así, las palabras fundamentales —y más conceptualizadas— de *soledad* y *ruina* arrastran en la poesía de Otero un cortejo de otras que indican resultados destructivos, muchas con el prefijo *des-: desgajado, desarraigado, deshelado, desamar, desamparo, deshace, desesperar, desazón, desamarrado, descon-*

suelo, desescombro, deshielo, desgarrar, desfloradas, desaladas, des-mantelado, despojo, desmayo, descarriado, desvanecimiento, etc.

El mismo temple aúna estos otros sustantivos: *olvido, amargura, llanto, horror, tristeza, ceniza, broza, sombra, silencio, miedo, agonía, desolación, vértigo, niebla, rabia, trizas, quebranto, angustia, estruendo, deriva, dolor, sauce, tiniebla, barbechos, plomo, estremecimiento, derrumbamiento,* etcétera. O estos adjetivos: *amarillos* ("cartas y besos amarillos", esto es, viejos, ruinosos), *inerme, horrible, fugitivo, silencioso, solitario, dudoso, inerte, incier-to, cansado, sordo, famélico, yerto, ciego, oscuro, roto, turbio, negro, hendido, frío, mudo, vano, ácido,* etc. O estos verbos: *arrojar, lle-gar, amenazar, derribar, hundir, desterrar, consumir, romper, caer, vacilar, batir, aventar, partir, derrumbar, escurrir, huir,* etc. E in-cluso palabras de más enjuto contenido como las negativas *no, nunca, nadie,* y la preposición *sin,* que indica privación; por tanto, soledad: *yo, sin lucha; dolor sin nombre; un hombre sin bra-zos y sin cejas; sin saber por qué; sin rumbo; hueco sin luz; sin pie-dad; lágrimas sin más ni más que llanto.*

Si *antes* de la soledad y de la ruina hubo algo, *después* no habrá *nada:* es inevitable el amago de la *muerte.* Junto a las pa-labras de coloración sombría que acabamos de citar, se aña-den otras de más negro espesor, de más definitivo acaba-miento. Al lado de *muerte* y *mortal,* tenemos *matar, abismar, anegar, noche, nada, vacío, ahogar, abismo, sima, polvo, precipitar, enterrado, pasar,* etc.

Ansia y luz

Pero no todo es negro o negativo. Aun en la soledad y ante la muerte, existe algo que aspira a regiones claras y luminosas: *Dios,* la *paz,* la *luz.* Y como contrapunto a la coloración som-bría, encontramos otras palabras positivas, iluminadas, li-bres, aireadas, todas símbolo de la meta liberadora que busca el poeta: *alas, mariposa, rosa, cielo, ardoroso, oro, frondor, amoro-so, brisa, tierno, estrellas, luminoso, erguir, cristal, hermosos, pája-ro, torre, anhelo, entusiasmo, árbol, fronda, alba, agua, soles, ágil, obra, fe, eternidad, fuego, aurora, dorar, céfiro,* etc. Son evidente-mente menos numerosas que los vocablos que indicamos an-tes. No es extraño, porque entre los dos polos de oscuridad (o vacío) y luminosidad, casi siempre el centro de gravedad se inclina hacia el primero. Por ejemplo, en este soneto de los que llamamos "amorosos":

Cuerpo de la mujer, río de oro
donde, hundidos los brazos, recibimos
un relámpago azul, unos racimos
de luz rasgada en un frondor de oro.

Cuerpo de la mujer o mar de oro
donde, amando las manos, no sabemos
si los senos son olas, si son remos
los brazos, si son alas solas de oro...

Cuerpo de la mujer, fuente de llanto
donde, después de tanta luz, de tanto
tacto sutil, de Tántalo es la pena.

Suena la soledad de Dios. Sentimos
la soledad de dos. Y una cadena
que no suena, ancla en Dios almas y limos.

(AFH 21)

Vemos que en los cuartetos el sentimiento del poeta (el "antes") discurre por regiones hermosas y lucientes: *río de oro, racimos de luz, frondor, mar de oro, alas de oro...* Y bruscamente al empezar los tercetos, el violento viraje de la perspectiva sentimental (el "después") que destruye con sus tonos som-bríos lo que poco antes parecía luminoso: el *río de oro* es ahora *fuente de llanto,* la *luz* es ahora *pena.* En tres versos queda anulada la ilusión de los ocho anteriores. Y el resultado, soledoso y oscuro, aparece rotundo (e incrementado) en el último terceto: *suena la soledad de Dios,* y en lugar de la soledad de uno, tenemos las soledades de dos, enfrentadas e irreductibles.

Obstinación y violencia

Triunfan las fuerzas del acoso. Mas nunca del todo. Siempre persiste, pertinaz, un conato de erguimiento. Lo expresa una serie de palabras tensas, resistentes y obstinadas, símbolo del esfuerzo del hombre. Verbos como *quedar, seguir* (y aun *seguir siguiendo*), *querer, perseguir, alzar, buscar, retener, luchar, insistir,* y otras expresiones: *en pie* ("y sigo, muerto, en pie"), *tendida, tenaz, en vilo, a pulso,* etc.

Esta obstinación del ansia del hombre por un lado, y por el otro la continuidad de la amenaza negra y del silencio divino conducen a que las relaciones entre ambas fuerzas sean violentas, terribles, brutales: verdadera lucha entre antagonistas que quieren destrozarse, engullirse, comerse, para acrecentarse cada uno con el poder del otro. Ambos consideran a su contrario como el más adecuado alimento para su persistencia.

Ya se notaban entre los elementos del vocabulario que llamamos "ruinoso" algunas palabras de esta tonalidad virulenta y apasionada. Toda la poesía de Otero, casi toda, trasciende en su léxico esa furia desencadenada de la pasión. He aquí algunos vocablos: *comerme, dentelladas, beber a bocanadas, sorber, hambre, sed, ahogar, furioso, rayo, rasgar, crispar, rabia, garras, hender, ensangrentar, estallar, gigante, estruendo, arrancar, arrebatar, golpes, herir, viento, león, quemar, morder, hirviente, restallar, bramar, fieramente, airado, ardientemente, heñir, cuchillo, manotazos, ramalazos, llamarada, martillazos, tragar, zarpazo, borbotones,* etc.

Véase, por ejemplo, el soneto titulado "Hombre", transcrito anteriormente[8]: "Luchando, cuerpo a cuerpo, con la muerte...", donde se combinan densamente estas tonalidades del sentimiento —la soledad ruinosa, la feroz lucha obstinada—, y donde la violencia se despeña desde el primer verso sin dejar un solo resquicio inexpresivo o tranquilo. A cada ademán de ansia y elevación se desploma violentamente el zarpazo de la ruina y la soledad; el poeta lucha, clama, quiere, alza, abre, tiene sed, y el otro poder se precipita con su silencio retumbando, cercenando, sajando, hasta el impotente clamor final: "¡Ángel con grandes alas de cadenas!".

Remansos de sosiego

A veces, en este paisaje en ebullición, surgen fugaces ensenadas de aguas tranquilas y suaves. Son momentos en que la violencia se serena en resignada melancolía. Entonces el léxico bronco que conocemos aparece contrarrestado por otras palabras "positivas": *alto, puro, júbilo, plata, músico, rosas.* Por ejemplo, uno de los poemas a Tachia:

> Dije: Mi soledad es como un árbol
> alto, de oro y de dolor, tan puro
> que apenas puede sostenerse en aire,
> ay, si un aire le hollase allá en lo último...
>
> Dijiste: Trenza tu dolor al mío,
> como una larga cabellera en júbilo;
> hunde tus sueños en mi sangre; inclina
> tu sed de Dios. Mi reino es de este mundo.

---

[8] p. 37

Dije: Mujer, mi mal no tiene origen;
sufro, no sé por qué. De esto hace mucho...
Apenas puedo con mis pies, si un hilo,
ay, si un hilo me asiese así, de súbito.

Tú, pensativamente: El tiempo es plata
de amor, entre mis brazos y los tuyos.
Abre tu soledad. Deja que el llanto
suceda y suene como un llanto músico.

Dije: Como las rosas, has sabido
como las rosas asomarte al muro
de mi dolor. Tan rosamente, el aire
ay, el aire rozó jamás el mundo...

                    (A 108; ENEL 81)

Todo es aquí melancólico sosiego, equilibrio contrabalan-
ceado del diálogo. Observamos cómo los vocablos de resonancia negra llevan un amortiguador de sentimientos dulces:
la soledad, aunque dolorosa, es de *oro*, árbol *puro*; el dolor re-
sultará *cabellera en júbilo*; la sed insatisfecha debe *inclinarse*; si
el llanto sucede será llanto *músico*; y sobre el muro del dolor
asomarán las *rosas, rosamente*.

Igual tonalidad suave se manifiesta cuando el poeta dirige la mirada al "antes" de la ruina. En el primer terceto del
soneto "Cuerpo tuyo" (RC 37 = A 90, "Brisa sumida"), véanse las palabras que se refieren a lo deseado, anterior a la ruina: *brisa, seda suave, puerta plegada, frágil llave, muro de luz, leve, sellado, ileso;* aunque "luego" sea todo sima y escalofrío.

Análoga disposición de sentimiento se refleja cuando el
poeta recuerda lejanas impresiones de infancia; así en el soneto "Mademoiselle Isabel":

Mademoiselle Isabel, rubia y francesa,
con un mirlo debajo de la piel,

no sé si aquél o ésa, oh *mademoiselle*
Isabel, canta en él o si él en ésa.

Princesa de mi infancia: tú, princesa
promesa, con dos senos de clavel;
yo, le livre, le crayon, le..., le..., oh Isabel,
Isabel..., tu jardín tiembla en la mesa.

De noche, te alisabas los cabellos,
yo me dormía, meditando en ellos
y en tu cuerpo de rosa: mariposa

rosa y blanca, velada con un velo.
Volada para siempre de mi rosa,
mademoiselle Isabel, y de mi cielo.

(AFH 19; A 87)

No hay aquí ni una palabra hosca: *mirlo, piel, canta, princesa, promesa, clavel, jardín, rosa, mariposa, velo...* Y sólo la pequeña sacudida melancólica del participio *volada* ("volada para siempre de mi rosa").

Desde el momento en que Otero se convierte al "nosotros", cambia naturalmente la coloración sentimental de su vocabulario. La violencia y la obstinación pasan a ímpetu apasionado, no en búsqueda, sino en defensa de algo ya hallado (el mismo poeta escribe: "He dicho 'silencio', 'sombra', 'vacío', etc. Digo 'del hombre y su justicia', 'océano pacífico'..." [PPP 60-61]). La pasión es ahora de tonalidad "positiva" y clara: *brillar, sonoros, arroyo, claro, serena, fe, más, esperanza, torres, futuro, blancas, cumbre, hurra, espléndido, mágico, alegría, izar...* [9]

---

[9] Cabría señalar algunas palabras de poco uso que aparecen en Otero: *beñir* (ya unamunesca), *llambria, galayo, palor, frondor* (invención del poeta), *ensimismal* (sacado de *ensimismar* y de *en-si-mismo,* a imitación de *abismal,* que existe junto a *abismar* y *abismo*), etc.

3. ALGUNAS CONFIGURACIONES IMAGINARIAS

Las palabras, además de aportar a la poesía la tonalidad del sentimiento, desempeñan otro papel al que aludimos antes: el de configurar en realidades objetivadas la representación imaginativa que sobre los sentimientos construye el poeta en su fantasía. ¿Cómo ve, cómo transmite Otero el juego de sus sentimientos y de esas pocas piezas fundamentales de sus vivencias (hombre, mundo, muerte, Dios, etc.)?

En esquema, la construcción imaginativa de estos sentimientos es así: el hombre —o el mundo— es una isla rodeada de un mar amenazador, el de la muerte, el de la nada, y sobre ella y él hay una bóveda de salvación, el cielo, Dios, hacia la que el hombre —árbol— tiende; a veces hay niebla y el horizonte es confuso: el cielo y el mar se mezclan, resultan uno: ¿nada o Dios? Y aquí queda apuntado un rasgo de las imágenes de Otero: nunca son fijas, su contenido suele ser polar. (En otros poetas se observa un proceso de fijación de la imagen; por ejemplo, en fray Luis de León el mar será siempre el mar tempestuoso, el del mundo, el de la vida; en cambio, en Otero, mar puede ser muerte, puede ser Dios, y otras cosas, aunque todas caracterizadas casi siempre por lo furioso y vehemente).

En la inmensidad del mar flota el hombre. Ya en *Cántico Espiritual* encontramos la imagen del hombre como isla que flota gracias a Dios:

> si no nos tienes Tú como una isla
> sobre el agua; flotando con su flora
> de ansias y su fauna de apetitos.
> Con su cintura blanca de espumilla
> como una colegiala en vacaciones.
>
> (CE 12)

Aquí el agua es el mar de la nada, de la muerte, en el que se ahogaría el hombre sin el sostén de Dios. (Todavía el poeta concibe al hombre como criatura débil y pasiva: una colegiala, con su cintura, espuma del mar, aun temeroso casi de anegar tan delicado ser). Más tarde, el poeta, fiel a esta ecuación mar = muerte, preguntará

> qué látigo verde me heñirá bajo el mar.
>
> (RC 32)

Y de igual modo, el mundo, de rodillas alzando las manos al cielo, es como una isla rodeada del mar amenazador de la muerte:

> El mar, puesto de pie,
> le pega en la garganta con un látigo verde;
> le descantilla; de
> repente, echando espuma por la boca, le muerde.
>
> (RC 57)

Nótese de paso cómo aparece siempre la misma imagen del "látigo verde", cómo siempre la espuma es símbolo del toque —sosegado o violento, cintura blanca y adorno o mordisco babeante y destructor— de la nada contra el hombre o el mundo.

Esta isla que Dios debe sostener en el mar se presenta más frecuentemente en imagen de navío (explícito o sólo aludido), con lo cual se expresa mejor la situación de inseguridad y peligro del hombre. La utilización de navío como representación de sus vivencias, conlleva el uso de numerosos términos marítimos o náuticos. (Es una de las características del vocabulario de Otero que saltan primero a la vista) [10]. Veámoslo, por ejemplo, en dos sonetos. Uno se titula "Mar adentro":

---

[10] Algunos términos marinos: *estela, rumbo, pleamar, proa, olear, arriar, popa, halar, virar, borda*, etc.

Oh, montones de frío acumulado
dentro del corazón, cargas de nieve
en vez de río, sangre que se mueve,
me llevan a la muerte ya enterrado.

A *remo* y *vela* voy, tan *ladeado*
que Dios se anubla cuanto el mar se atreve,
orzado el *car,* le dejo que me lleve...
Oh *llambrias:* recibid a un descarriado.

Ardientemente helado en llama fría,
una nieve quemante me desvela
y un friísimo fuego me desvía...

Oh témpano mortal, río que vuela,
mástil, bauprés, arboladura mía
halando hacia la muerte a *remo* y *vela.*

(RC 21; A 36)

Aquí se entrelazan dos series de imágenes: la primera
—que ahora no nos interesa—, la del fuego y el frío (ansia y
nada), se expresa en el primer cuarteto y reaparece en el primer terceto; la segunda, navío en el mar de la muerte, aparece en el segundo cuarteto y, recogiendo los contenidos de la
otra serie, cierra el soneto. El hombre navega en el mar de la
muerte, dejándose llevar por sus vientos largos, tan ladeado
por los golpes del mar que éste oculta y nubla la bóveda divina. Muerte adentro. ¿Habrá resbaladizas llambrias a que
agarrarse? Todo el navío humano —mástil, bauprés, arboladura— se dirige inevitablemente hacia la muerte, halando,
bogando con los remos y tirando los aparejos. Igual que la
Tierra, perdiendo el rumbo, sin que Dios se lo enderece, en
estos otros versos: "... la Tierra sigue a la deriva, oh Capitán,
mi Capitán, Dios mío!" (AFH 65 = A 29).

En el otro soneto, "Muerte en el mar", el mar es el de
Dios, eternizador y destructor:

Si caídos al mar, nos agarrasen
de los pies y estirasen, tercas, de ellos
unas manos no humanas, como aquellos
pulpos viscosos que a la piel se asen...

Ah, si morir lo mismo fuese: echasen
nuestros cuerpos a Dios, desnudos, bellos,
y sus manos, horribles, nuestros cuellos
hiñesen sin piedad, y nos ahogasen...

Salva, ¡oh Yavé!, mi muerte de la muerte.
Ancléame en tu mar, no me desames,
Amor más que inmortal. Que pueda verte.

Te toque, oh Luz huidiza, con las manos.
No seas como el agua, y te derrames
para siempre, Agua y Sed de los humanos.
                                        (RC 32; A 37)

Aquí el mar es el de Dios, y Él el que maneja el "látigo verde" que heñirá, amasará el cuello del hombre anegado. Pero también es Dios el que puede "anclear", hacer isla, salvar de la muerte al casi ahogado: "ancléame en tu mar". Un ansia insatisfecha. De igual modo, en otros versos, el poeta sustituye el anclaje por el deseo de un *abra,* seguro deseado de Dios:

                    ... Ay, tu silencio vuelve loca
al alma: ella ve el mar, mas nunca el *abra*
abierta; ve el cantil, y allí se labra
una espuma de fe que no se toca [11].
                                        (AFH 62; A 35)

El mar puede ser también el del amor. Mar tranquilo, donde bogar en gloria, cuando la mujer es un mar de oro, como en el soneto transcrito anteriormente. Pero en seguida reaparece la otra visión del mar, la de furia ("besas besos de mar, a dentelladas" {AFH 22}), y el hombre busca también afanoso en ese mar del amor un asidero:

> Me pego a ti, me tiendo en tu regazo
> como un náufrago atroz que gime y nada,
> trago trozos de mar y agua rosada:
> senos las olas son, suave el bandazo.

(RC 38)

Desde el cielo, Dios irradia la luz vivificadora a que quiere alzarse el hombre, o bien lanza sus enviones de viento, que hieren y estremecen. Esta es la base figurativa de otras imágenes de Otero. Y el hombre es ahora *árbol* cuya fronda recibe la visita de Dios o anhela hacia la altura, y cuyas raíces le hunden en tierra, o bien es *pluma* a la deriva en el viento. Al hombre, pide el poeta,

> ponlo de pie, Señor, clava tu aurora
> en su costado, y sepa que es divino
> despojo, *polvo errante* en el camino:
> mas que tu luz lo inmortaliza y dora.

Análogamente:

> Un pañuelo en el viento anda perdido,
> viene y va, como un trozo de papel.

(AFH 36)

---

[11] En estos versos *cantil*, "paraje del fondo del mar o de la costa que forma escalón u orilla más o menos cortada a pique", es símbolo del posible apoyo del hombre en medio del mar de la muerte. En otros casos, al contrario, el cantil es el hombre, casi anegado por los embates marinos: "cantil, con un abismo y otro, en medio" (RC 27). Este tipo de polaridad de las imágenes en Otero se encuentra a menudo: *espuma*, símbolo de la furia aniquiladora de la nada al chocar contra el hombre, o bien signo de la fe perceptible como en los versos citados arriba. Dámaso Alonso ya señaló, *Poetas españoles contemporáneos*, los trueques entre *puente* y *río* que aparecen en el soneto "Cuerpo tuyo" (RC 37).

Y los versos del poeta son "plumas de luz al aire en desvarío" (AFH 61), esto es, volanderos reflejos de la luz divina que desvarían por el aire destructor. El hombre, "árbol de luz gritando desde el suelo" (AFH 42),

> ... nunca puede,
> nunca logra ascender adonde el cielo
> la torre esbelta del anhelo excede.
>
> (AFH 40)

Pero los anhelos del hombre son a veces tronchados por el poder destructor; entonces "viene un mal viento, un golpe frío / de la mano de Dios, y nos derriba. / Y el hombre que era un árbol, ya es un río" (AFH 65). Con la muerte, la luz esperada huye; al morir, el círculo del mar de la nada y la bóveda divina se confunden:

> A toda luz, el cielo se derrumba,
> arriado de raíz, sobre la tumba
> donde mi alma vive sepultada.
>
> Tramo a tramo, tremando, se deshace
> el *cerco de lo eterno*. A son de azada
> llama Dios en mi alma. Y, aquí yace.
>
> (RC 26)

El cerco de lo eterno desaparece al morir ("posteriormente, entramos en la Nada. Y sopla Dios de pronto y nos termina" [RC 43]), el cerco de lo eterno que era el paisaje que rodeaba al hombre solitario del poema "Lo eterno":

> ... Rompe el mar
> en el mar, como un himen inmenso,
> mecen los árboles el silencio verde,
> las estrellas crepitan, yo las oigo.

> ... El mar —la mar—, como un himen inmenso,
> los árboles meciendo el verde aire,
> la nieve en llamas de la luz en vilo...
>
> (AFH 13-14)

Esto es, la nada —*mar*— y Dios —silencioso *aire* que mueve los *árboles, luz* en vilo de las *estrellas* [12]—.

En casi todas estas imágenes se puede notar que no están concebidas en quietud, sino en movimiento, en tensión, en equilibrio inestable. De ahí también el predominio de los verbos de movimiento. Por ejemplo, en este cuarteto:

> Y que la muerte, oh estremecimiento,
> fuese el hueco sin luz de una escalera,
> un colosal vacío que se *hundiera*
> en un silencio desolado, liento.
>
> (RC 20)

La imagen estática muerte = hueco de escalera queda inmediatamente corregida en el verso siguiente: "un colosal vacío que se hundiera"; la ecuación imaginativa es, pues, muerte = caída por hueco de escalera, con lo cual se prolonga indefinidamente el horror de esa escalera (la trágica del poema "Mientras tanto" [AFH 45]), donde "viene el vértigo a todo correr desde el vacío".

El movimiento, la tensión, vienen expresados además por la frecuente perífrasis de *ir* con gerundios, por el uso de éstos adjetivalmente, haciendo así que el proceso sea captado no como aspecto resultante —y parado, sin energías—, sino como estado de gestación en que operan, están

---

[12] No hay tiempo para enumerar ni examinar todas las transposiciones metafóricas de la poesía de Otero. Aquí sólo queríamos indicar la configuración imaginativa de las más importantes.

operando y bullendo fuerzas, pues sabido es cómo el gerundio nos presenta la acción verbal en su aspecto puramente durativo. A la vez, esta introducción verbal del movimiento, de la tensión, contribuye a expresar la tonalidad violenta y vehemente del sentimiento. A veces se acumulan los gerundios:

> No sé qué luz, de dentro, de quién, *iba*
> *naciendo, iba envolviendo* tu desnudo...
>
> Una brisa vibrante, fugitiva,
> *ibas fluyendo...*
>
> Hambre mortal de Dios, hambriento hasta
> la saciedad, *bebiendo* sed, y, luego
> *sintiendo,* por qué, ¡oh Dios!, que eso no basta.
>
> (AFH 24)

El proceso en formación puede dividirse en infinitos grados: matices sucesivos que alargan lo durativo de la visión e indican el esfuerzo de su realización. Por ello Otero, con frecuencia, señala esto con frases adverbiales de tipo iterativo: *hilo a hilo, sombra a sombra, sima a sima, noche a noche, hoja a hoja, hombro a hombro, letra a letra, tramo a tramo, de ola en ola,* o bien *a golpes, a martillazos, a besos, a bocanadas.* Por ejemplo (y nótese cómo estas frases se unen a gerundios):

> Inconsolablemente. *Diente a diente*
> voy *bebiendo* tu amor, tu noche llena.
> *Diente a diente,* Señor, y *vena a vena*
> vas *sorbiendo* mi muerte. Lentamente [13].
>
> (AFH 23)

---

[13] Compárese en CE 13: las "alas viejas" del poeta "se harán primitivas para el salto", "Mas salto, no. Subir *poquito a poco, peldaño tras peldaño,* hasta tu cumbre".

Otras veces el movimiento, agitado, se asemeja al sin destino de la pluma o el papel en el viento que vimos antes. Y es la pareja de verbos *ir*, *venir* quien se encarga de evocarlo, o bien *ir* con otro verbo (como en el habla popular: *va y dice*):

> ... y el viento, vengador, *viene y va,* estira
> del corazón, ensancha el desamparo.
> (AFH 31)

> Un pájaro divino *va y se posa*
> sobre el inmóvil corazón cansado.
> (AFH 40)

> ... *voy y vengo* en silencio por la haz de la tierra.
> (AFH 43)

> Un navío en el mar, y otro perdido
> que *iba y venía* al puerto de mis brazos.
> (RC 39)

En cuanto a los procedimientos de transposición imaginativa de las palabras, no creemos que haga falta puntualizarlos. Sabido es que toda imagen se basa en una comparación, explícita o tácita. Todos los grados aparecen en Otero: a) por indicación de *como:* "como una isla sobre el agua"; b) por copulación: "sábanas son el mar"; c) por aposición: "río, sangre que se mueve" (donde la imagen va seguida de su explicación), "la Tierra: girasol; poma madura" (donde la imagen sigue a lo comparado); d) por determinación con *de:* "pasto de luz", "alambradas de infinito", o con *que:* "un mar que ya se rompe"; e) por subordinación al contexto general: "te toque, oh *Luz* huidiza, con las manos". Aquí la comparación está totalmente tácita.

4. Adverbios en "-mente"

Abundan en los versos de Otero los adverbios en *-mente,* palabras largas y macizas que a primera vista parecerían dar pesadez a la expresión. Y lo que es más típico, Otero comienza algunos de sus poemas con este tipo de vocablos:

> *Desesperadamente* busco y busco
> un algo, qué sé yo qué, misterioso...
> (AFH 33)

> *Definitivamente,* cantaré para el hombre.
> (AFH 49)

> *Arrebatadamente,* te persigo.
> (AFH 63)

> *Humanamente* hablando, es un suplicio
> ser hombre y soportarlo hasta las heces.
> (RC 23)

> *Posteriormente,* entramos en la Nada.
> (RC 43)

O algunos versos se inauguran con uno de estos adverbios:

> *Insoportablemente* terrible es su arregosto.
> (PPP 20)

> *Inconsolablemente.* Diente a diente...
> (AFH 23)

En los casos en que el adverbio comienza el poema, éste suele girar en torno a aquél. El adverbio reaparece como *leit-motiv* a lo largo de sus versos, contagiando a todos de sus especiales resonancias. Se ve claro, por ejemplo, en el poema titulado "Igual que vosotros":

Desesperadamente busco y busco
un algo, qué sé yo qué, misterioso,
capaz de comprender esta agonía
que me hiela, no sé con qué, los ojos.

Desesperadamente, despertando
sombras que yacen, muertos que conozco,
simas de sueño, busco y busco un algo,
qué sé yo dónde, si supieseis cómo.

A veces me figuro que ya siento,
qué sé yo qué, que lo alzo ya y lo toco,
que tiene corazón y que está vivo,
no sé en qué sangre o red, como un pez rojo.

Desesperadamente, le retengo,
cierro el puño, apretando el aire sólo...
Desesperadamente, sigo y sigo
buscando, sin saber por qué, en lo hondo.

He levantado piedras frías, faldas
tibias, rosas, azules, de otros tonos,
y allí no había más que sombra y miedo,
no sé de qué, y un hueco silencioso.

Alcé la frente al cielo: lo miré
y me quedé, ¿por qué, oh Dios?, dudoso:
dudando entre quién sabe, si supiera
qué sé yo qué, de nada ya y de todo.

Desesperadamente, esa es la cosa.
Cada vez más sin causa y más absorto
qué sé yo en qué, sin qué, oh Dios, buscando
lo mismo, igual, oh hombres, que vosotros.
(AFH 33)

La desesperación penetra así, alargándose, y reforzándose
a cada adverbio que aparece. Lo mismo ocurre en el poema titulado "Tierra", donde es el adverbio *humanamente* el que insiste y persiste comunicando a todos los versos ese senti-

miento —¿piedad o humanidad?, ¿o ambas cosas?— y haciendo resonar todo el poema "a escala de hombre":

> *Humanamente* hablando, es un suplicio
> ser hombre y soportarlo hasta las heces,
> saber que somos luz, y sufrir frío,
> *humanamente* esclavos de la muerte.
>
> Detrás del hombre viene dando gritos
> el abismo, delante abre sus hélices
> el vértigo, y ahogándose en sí mismo,
> en medio de los dos, el miedo crece.
>
> *Humanamente* hablando, es lo que digo,
> no hay forma de morir que no se hiele.
> La sombra es brava y vivo es el cuchillo.
> Qué hacer, hombre de Dios, sino caerte.
>
> *Humanamente* en tierra, es lo que elijo.
> Caerme *horriblemente,* para siempre.
> Caerme, revertir, no haber nacido
> *humanamente* nunca en ningún vientre.
>
> (RC 23; A 75)

(Y nótese cómo en ambos poemas hay una frasecilla —*esa
es la cosa, es lo que digo*— que apela y subraya más los adverbios "desesperadamente" y "humanamente").

Estos adverbios tan largos, que parecen llevar un peso
muerto de nula significación en *-mente,* son, sin embargo,
muy expresivos del sentimiento del poeta. En una poesía
tan condensada y comprimida como la de Otero, un vocablo tan largo hace que la significación —poética, claro— de
su radical se prolongue resonando a través de la materia casi vacía del *-mente, y* que en conjunto el sentimiento sugerido ocupe más espacio y sea, por tanto, más eficiente. Hasta en algún caso, la repetición del adverbio es inmediata:

Porque busco ese horror, esa cadena
mortal, que arrastra *inconsolablemente.*

Inconsolablemente. Diente a diente,
voy bebiendo tu amor, tu noche llena...
(AFH 23)

Y resuena el desconsuelo doblemente, en tono más lúgubre y grave.

5. FRASES HECHAS

Son frecuentes en Otero locuciones léxicas usadas en la conversación, y cuya presencia en sus poemas trataremos de explicar
después. Una de sus especies es la locución que normalmente se
emplea para indicar un significado en bloque, al cual no se llega por el análisis de los elementos léxicos que la componen. Son
a primera vista clichés, muletillas. Pues bien: Otero usa de ellas
repristinándolas, esto es, analizándolas, haciendo revivir el sentido de sus elementos y produciendo así un efecto expresivo
inesperado. (Unamuno también gustó de "repensar" los lugares
comunes). Es un artificio inverso al otro normal poético, consistente en crear locuciones "poéticas" de nuevo cuño, en las cuales los elementos significativos no tienen valor independiente,
sino sólo su conjunto, resultado de una síntesis. En cambio, con
las frases hechas —que en su origen son resultado de la actividad poética en el lenguaje ordinario— lo que hace el poeta es
transponerlas al lenguaje poético por medio del análisis: lo intelectual es el significado del conjunto; consecuentemente, lo poé
tico será revalorar el significado individual de cada elemento.
Varios procedimientos utiliza para ello Otero. El más
sencillo es emplear tal cual la locución, dejando que el contexto, vagamente, haga dudar de su significación. Por ejemplo, en estos versos:

Pero debo callar y callar tanto,
hay tanto que decir, que cerraría
los ojos, y estaría todo el día
hablando, hablando, hablando.

Dios me libre de ver lo que está claro.
Ah, qué tristeza. Me cercenaría
las manos. Y mi sangre seguiría
hablando, hablando, hablando.

(PPP 16)

La expresión *Dios me libre,* conjuro ordinario de lo que no
desearíamos ni hacer ni decir, casi resulta analizada en sus
elementos: como *se debe* callar y hay tanto que decir, parece
que realmente se apela a Dios en busca de ayuda. Igualmente en el poema "Plañid así", en el verso

las niñas de las escuelas públicas *ponen el grito en el cielo,*
(RC 51)

esta locución resulta analizada en sus elementos por el contexto; versos arriba vemos que "cantan las niñas en alta voz /
a ver si consiguen que de una vez las oiga Dios"; por tanto, la
expresión no significa ya sólo "quejarse por un dolor incesante", sino también y sobre todo "elevar las súplicas a Dios".

En algún caso, el análisis de la locución se expresa a continuación de ésta; así, en el poema "Final":

Puede ser que estemos ya *al cabo de la calle.*
Que esto precisamente fuese el fin
o el cabo de la calle.
Puede suceder que aquí precisamente
se acabe el cabo
de la calle.

(AFH 73)

Al cabo de la calle ya no es sólo referencia al "estar entera-
dos totalmente de algo", sino también haber llegado al final
de la *calle* (aunque esta *calle* resulta también transpuesta: "calle de la vida").

Un segundo procedimiento es hacer chocar contra la locución otra palabra que repite o alude directamente a uno de
los elementos constituyentes de aquélla. Entonces se destruye el significado conjunto y se realzan independientemente
sus elementos. Por ejemplo: al poeta podrá faltarle el aire, el
agua, el pan..., pero

> La fe, jamás.
>
> Cuanto menos aire, más.
> Cuanto más sediento, más.
>
> Ni más ni menos. Más.
>
> (PPP 76-77)

El significado normal de *ni más ni menos* "estrictamente lo
justo" choca con lo que en este caso es lo "justo", es decir,
más, precisamente uno de los constituyentes de la locución. Y
queda el sentimiento impregnado con fuerza de que "lo justo" sea acaso "más de lo justo".

Otro ejemplo: "durante veinte años la *brisa* iba *viento
en popa*" (RC 49), donde sorprende *viento en popa* al contacto de la palabra *brisa* que alude a un elemento de la locución, *viento.* Finalmente, en el poema "Hombre en desgra-
cia":

> ... y [si] detrás de la nuca me tocasen de pronto
> unas manos no humanas, hasta *hacerme de nieve,*
> una *nieve* que el aire aventase, hecha polvo...
> (AFH 43)

la locución *hacer de nieve* "helar (de terror), aterrorizar", queda deshecha por el verso siguiente: *hacer de nieve* ya no es "convertir en algo semejante a la nieve por su frialdad", sino que la nieve resultante es ya casi nieve real que puede aventar el viento.

En el mismo poema hay un caso en que la palabra que rompe el bloque de la locución alude a sus elementos por contraste:

> *Doy señales de vida* con pedazos de *muerte*
> que mastico en la boca, como un hielo sonoro.

También se consigue la desmembración de estas frases por medio de una pausa sintáctica —de entonación—; por ejemplo:

> Llegaré por mis *pies* —*¿para qué os quiero?*—
> a la patria del hombre.
>
> (PPP 40)

Un tercer procedimiento de restauración de los elementos de la frase hecha es por agregación de un nuevo elemento determinativo o completivo que al cambiar el equilibrio del conjunto restablece la independencia —relativa— de sus miembros. En los versos

> dame la mano, guárdame
> en tu armario de luna y de manteles,
>
> (PPP 54)

la agregación de *y de manteles* deshace la unidad significativa de *armario de luna* y se tiende a analizar *armario—de luna y de manteles,* considerando a ambos determinativos como una unidad que matiza sentimentalmente, al quedar más libre *luna,* el significado objetivo y conceptual "armario donde se guardan manteles". De igual modo, en "el tiempo es oro en el otoño" (PPP 71), el complemento *en el otoño* destruye el valor normal de *el tiempo es oro,* y el espíritu tiene que saltar bruscamente del valor de *oro* como "cosa valiosa y de precio que no debe derrocharse" al valor de *oro* como "cosa de coloración dorada" (el *oro* de las hojas), y queda flotando entre ambos sentimientos: ¿el *tiempo* es el que *pasa* o el que *hace?* ¿O ambos? En estos otros versos:

> Decid adónde vamos a parar con tanta angustia
> y tanto dolor de padres desconocidos entre sí,
>
> (RC 54)

entre sí perturba el significado normal de *padres desconocidos* atrayendo a su órbita el participio *desconocidos.* Lo mismo que en

> sobre todo la [hora] de las lágrimas sin más ni más que llanto
>
> (RC 31)

la adición de *que llanto* rompe el sentido ordinario del *sin más ni más.*

El recurso de Otero más corriente para renovar el cliché es interno o elíptico: la sustitución de uno de los elementos por otro nuevo, procedimiento basado en el uso normal de la lengua, que sobre ciertos esquemas sintácticos va creando variaciones infinitas. El sustituto suele ser equivalente, en algún aspecto, del elemento que desaparece: *a contra muerte* (AFH 13) (compárese: a contrahílo, a contraluz, a contra corriente, a contrapelo, etc.), un Dios *de infierno en ristre* (PPP 20) (caballero de lanza en ristre), *a toda luz* (RC 26) (a toda vela), un ángel de los *de antes de la tierra* (RC 31) (alguna cosa de las de antes de la guerra), *con el alma en la mano* (con el arma en la mano), como en la proa de un barco desmantelado *que hace sangre* (AFH 57) (que hace agua), sedas hinchadas *a favor de espanto* (RC 39) (velas hinchadas a favor del viento). La sorpresa que produce en general la sustitución desquicia el esquema previo y la palabra nueva se carga de intención:

> Tú y yo, *cogidos de la muerte,* alegres
> vamos subiendo por las mismas flores.
>
> (AFH 52)

Cuando esperábamos el conjunto *cogidos de la mano,* la palabra *muerte* surge virulenta y resonante.

Otro procedimiento, éste rítmico, es el de separar los elementos de la locución por la pausa de fin de verso. Por ejemplo:

> ... y un cuchillo
> chillando, haciéndose pedazos
> de pan...
>
> (PPP 75)

La pausa rítmica, por breve que sea, tras *pedazos* obliga a sentir este elemento dentro del dominio de *haciéndose;* luego, al otro verso, *de pan* completa la expresión ordinaria *pedazo de pan.* Pero, en general, el recurso de romper el esquema con la pausa del verso va unido a uno de los procedimientos que hemos visto antes. Así, en

> a la patria del hombre: al cielo raso
> de sombras esas y de sueños esos,
>
> (PPP 40)

la locución *cielo raso,* "techo de superficie plana y lisa", además de hacer pensar en *a campo raso,* "a la intemperie", resulta destruida por el verso siguiente, de modo que *cielo* queda libre y *raso* pasa a ser completado por las *sombras* y los *sueños.* Igual, cuando leemos el verso

No sé cómo decirlo, con qué cara

la expresión *con qué cara,* después del verbo *decir,* parece ser la frecuente locución conversacional "¿con qué cara voy a decir-lo, a hacerlo?", esto es: "¿cómo me atrevería?"; pero tras la pausa breve, el verso siguiente:

cambiarme por un ángel de los de antes de la tierra
(RC 31)

permite relacionar la frase de otro modo: "no sé con qué cara cambiarme por un ángel". Finalmente, en algún caso, la pausa rítmica se combina con dos frases hechas que poseen un elemento común:

Después, como un cadáver *puesto en pie*
de guerra, clamaría por los campos...
(RC 59)

Hay aquí dos locuciones: *puesto en pie* y *en pie de guerra;* la pausa nos aísla *puesto en pie,* y sólo después, *de guerra* nos hace volver a recoger *en pie* que queda resonando en contraste con el cadáver a que se refiere. Análogo es otro caso, donde además se ha producido la sustitución en el esquema *en pie de guerra:*

Hombro a hombro, hasta ver a un *pueblo en pie*
de paz, izando un alba.
(EC 70)

6. ALUSIONES Y PRÉSTAMOS LITERARIOS

Parecida transposición y reelaboración sufren en la poesía de Otero algunos elementos procedentes de otros escritores. (No nos referimos a *Cántico Espiritual,* donde los préstamos toma-dos a San Juan y a fray Luis están traídos con la intención de ambientar y situar el poema dentro de la tradición místico-ascética.) También aquí las pausas —rítmicas o sintácticas—, la sustitución de algún elemento, o la agregación de otro, imponen un sentido bivalente a las expresiones ajenas incorporadas a su poesía. Unos ejemplos. De Rubén Darío:

> ¿Sientes? La sangre sale al sol. Lagarto
> rojo. *Divina juventud. Tesoro*
> vivo.
>
> (RC 44)

(El "juventud, divino tesoro" queda modificado por la pausa, por el añadido *vivo* que aísla del conjunto a la palabra *tesoro*). De Rubén, de Vallejo y de fray Luis:

> Madre y maestra mía, triste, espaciosa España
>
> (PPP 20)

(Ecos, uno del peruano por sustitución del "Padre y maestro mágico" del nicaragüense, y otro por dislocación del "A toda la espaciosa y triste España" del agustino, pasado por la interpretación noventayochista). De Luis de León, también: el hombre

> Está en peligro, corre,
> acude. Vuela
> el ala de la noche
> junto al ala del día.
>
> (PPP 68)

(Donde el "acude, corre, vuela" queda dislocado y partido con la pausa). Y

> Oh campo,
> oh monte, oh río

Darro: borradme
vivo.

(PPP 63-64)

(Huella del "oh monte, oh fuente, oh río" de fray Luis). De la poesía popular son numerosos los recuerdos:

> árboles de una patria árida y triste,
> entrad
> a pie desnudo en el *arroyo claro,*
> *fuente serena* de la libertad.

(PPP 66)

Un caso muy complejo de este aprovechamiento recreador de materiales ajenos y tradicionales se encuentra en el poema "La muerte de Don Quijote" (QTE 131-134), donde se conjuntan citas —que puntualiza el poeta— de Waldo Frank, Heine, Cervantes, Quevedo, Rubén y Vallejo.

7. RITMO, VERSO Y SINTAXIS

En la poesía coexisten dos ritmos: el puramente lingüístico de la sintaxis, consistente en la entonación y marcado por las pausas, y el ritmo del verso, constituido por una secuencia determinada de acentos de intensidad y delimitado —en su caso— por la rima y su pausa. Ambos ritmos, sintáctico y métrico, pueden o no coincidir; irán concordes cuando las pausas sintácticas y las métricas se produzcan en el mismo punto, resultando que la unidad métrica —el verso— y la unidad sintáctica —la frase o el miembro de frase— se corresponden. En cambio, cuando las pausas sintácticas se presentan aparte de las pausas métricas, se produce una mayor o menor falta de adecuación o de con-fluencia entre ambos tipos de unidades, y ambos ritmos se entrecruzan perturbando los moldes métricos o rompiendo la secuencia sintáctica. Cuanto mayor sea esta falta de adecuación, mayor será también la impresión de violencia que nos produzca el poema. Por el contrario, la perfecta coincidencia de ambos ritmos nos dará en general sensación de sosiego y de equilibrio.

El ritmo poético, pues, el que toca nuestra sensibilidad, es una resultante de la entonación sintáctica y de la andadura métrica (y dentro de ésta incluimos también naturalmente el llamado verso libre). Pero no sólo intervienen la entonación, las pausas (de la especie que sean), las sístoles y diástoles acentuales, las rimas, en la formación del ritmo poético. La poesía no es sólo materia fónica o funciones gramaticales, sino además contenido psíquico. Los sucesivos matices de éste —los significados de las palabras soldados a su expresión— también se desarrollan en secuencia no arbitraria, ordenada, por tanto, ritmada. Si antes nos hemos referido al léxico como tal, ahora debemos volver también a él, mas sólo en cuanto se articula en una cadena de elementos sucesivos.

Si examinamos un poema con detenimiento, podemos, pues, descubrir cuatro especies de ritmo, que más o menos concordes, constituyen el propio ritmo poético: a) una secuencia de sonidos, de material fónico; b) una secuencia, la métrica, de sílabas acentuadas o átonas según determinado esquema; c) una secuencia de funciones gramaticales acompañadas de entonación; d) una secuencia de contenidos psíquicos (sentimientos, imágenes, etc.). Experimentalmente podemos disociarlas y observar la una o la otra; pero en la creación poética y en la recepción por el lector están indisolublemente unidas, son unidad de ritmo poético. Vamos a examinar algunos aspectos de éste, que expresan determinados matices por medio del contraste o de la concordancia de sus factores.

Dislocación del ritmo fluyente

Decimos que el ritmo poético es fluyente cuando existe, en general, adecuación de las secuencias sintáctica y métrica. Por ejemplo, en Manrique:

> Recuerde el alma dormida,
> avive el seso y despierte
> contemplando
> cómo se pasa la vida,
> cómo se viene la muerte
> tan callando...

En los demás casos se produce una dislocación del ritmo, al no coincidir el verso con una unidad de sentido. Es lo que se ha llamado *encabalgamiento:* una unidad de sentido no cabe dentro de un verso y se desborda en el verso siguiente; o bien, se anticipan al fin de un verso elementos de la unidad de sentido que constituye el verso siguiente. En Otero es frecuente:

> Cuando el llanto, tendido como un *llanto*
> *silencioso,* se arrastra por las *calles*
> *solitarias,* se enreda entre los pies,
> y luego suavemente se deshace.

> Cuando morir es ir donde no hay *nadie,*
> *nadie, nadie;* caer, no llegar *nunca,*
> *nunca, nunca;* morirse y no *poder*
> *hablar,* gritar, hacer la gran pregunta.
> (AFH 31)

> ¡Quiero vivir, vivir, vivir! La *llama*
> *de mi cuerpo,* furiosa y obstinada...
> (RC 27)

Es a la inmensa mayoría, *fronda*
de turbias frentes y sufrientes pechos,
a los que luchan contra Dios *deshechos*
de un solo golpe en su tiniebla honda.

(RC 13)

El encabalgamiento produce importantes efectos en el
ritmo. Es claro que al encontrarse la secuencia sintáctica fre-
nada por una pausa métrica, se tenderá a hacer ésta lo más
breve posible, y pasar rápidamente al verso siguiente, de tal
modo que puede ocurrir un apresuramiento de la elocución,
un atropellamiento:

Digo vivir, vivir como si nada
hubiese de quedar de lo que escribo.

(RC 65)

Pero otras veces el encabalgamiento consigue efectos contrarios. Ya vimos anteriormente su eficacia para romper los
clichés lingüísticos ("como un cadáver puesto en pie / de guerra"), donde la suspensión de la pausa métrica nos depara la
sorpresa iluminadora del verso siguiente. También el valor
del encabalgamiento depende de las pausas sintácticas que
preceden o siguen. Entonces los elementos que quedan limi-
tados entre la pausa sintáctica precedente y la pausa métrica,
o bien los que quedan entre ésta y la pausa sintáctica siguiente, aparecen como realzados, subrayados, aumentando
su intensidad emotiva; al mismo tiempo se produce una dis-
minución en la velocidad del ritmo, frenado, entorpecido por
las pausas, y las unidades métricas resultan subdivididas y se
modifica la impresión del ritmo del verso. En el ejemplo citado al principio de este párrafo (AFH 31), las unidades sintácticas se dividen así: "Cuando el llanto / tendido como un
llanto *silencioso* / se arrastra por las calles *solitarias* / se enreda

entre los pies / y luego suavemente se deshace"; y los dos adjetivos dislocados, *silencioso* y *solitarias,* quedan realzados, aislados y brillantes en el centro de la estrofa y al principio de los dos versos centrales, como contagiando sus resonancias a toda ella. Del mismo modo, en la estrofa siguiente resultan resaltados, también en el centro, los dos *nadie* y los dos *nunca,* que retumban gravemente, sordamente y penetra su fuerza de sentimiento por todos los versos:

> Cuando morir es ir donde no hay nadie,
> *nadie, nadie,* // caer, no llegar nunca,
> *nunca, nunca;* // morirse, y no poder
> hablar, gritar, hacer la gran pregunta.

El fraccionamiento de la unidad métrica por las pausas sintácticas y la levedad de la pausa final del verso por el encabalgamiento, originan, pues, la perturbación del ritmo fluyente. A veces, el resultado es aceleramiento del ritmo expresivo; otras, retardamiento o una marcha acezante, cortada, violenta, especialmente cuando se acumulan muchos versos cabalgando los unos sobre los otros. Por ejemplo, el soneto "Lástima" (RC 24):

> Me haces daño, Señor. Quita tu mano
> de encima. Déjame con mi vacío,
> déjame. Para abismo, con el mío
> tengo bastante. Oh Dios, si eres humano,
>
> compadécete ya, quita esa mano
> de encima. No me sirve. Me da frío
> y miedo. Si eres Dios, yo soy tan mío
> como tú. Y a soberbio, yo te gano.
>
> Déjame. ¡Si pudiese yo matarte,
> como haces tú, como haces tú! Nos coges
> con las dos manos, nos ahogas. Matas

no se sabe por qué. Quiero cortarte
las manos. Esas manos que son trojes
del hambre, y de los hombres que arrebatas.

De los catorce versos, diez cabalgan sobre los siguientes.
Y trece presentan rota su unidad métrica con una y a veces
dos pausas sintácticas de consideración. Hay una serie de
apresuramientos y de violentas paradas; otro factor expresivo
del sentimiento de impotente violencia que quiere sugerir el
poeta. Otro ejemplo del mismo tipo lo tenemos en el poema
"Tú, que hieres" (AFH 63):

Arrebatadamente te persigo.
Arrebatadamente, desgarrando
mi soledad mortal, te voy llamando
a golpes de silencio. Ven, te digo

como un muerto furioso. Ven. Conmigo
has de morir. Contigo estoy creando
mi eternidad. (De qué. De quién.) De cuando
arrebatadamente esté contigo.

Aquí, el quinto verso, cuyo ritmo métrico podría coincidir con el sintáctico (leyendo "como un muerto furioso, ven
conmigo"), queda roto en tres unidades: una, desbordada del
verso anterior ("te digo / como un muerto furioso"), otra aislada ("Ven") y una tercera que anticipa el verso siguiente
("conmigo / has de morir"). Análogas observaciones pueden
hacerse respecto al verso séptimo que aparece fraccionado en
cuatro unidades: una, continuación del verso sexto ("estoy
creando / mi eternidad"), dos independientes ("De qué", "De
quién"), y la cuarta, que adelanta el verso octavo ("De cuando / arrebatadamente...").
En algunas ocasiones la dislocación del ritmo fluyente se
origina por medio de un apartamiento de la secuencia normal
sintáctica del lenguaje, por acomodarse, en parte, a las exi-

gencias de la secuencia métrica. Cierto es que este tipo de dislocación carece en la poesía de Otero de la importancia y el volumen que posee en poetas de otras épocas, en los cuales el hipérbaton ponía en tensión virulenta y en contorsión la marcha normal de la elocución. Pero se encuentran en los versos de Otero algunos casos de esta especie. Por ejemplo, obsérvese la rara posposición del verbo en estos versos:

> Pero mortal, mortal, rayo partido
> yo *soy*, me siento, me compruebo. Dura
> lo que el rayo mi luz. Mi sed, mi hondura
> *rasgo.*

(AFH 41)

Y las sinuosidades del sentido en la construcción sintáctica de estos otros:

> Cuando es ya nieve pura,
> y tu alma señal de haber llorado,
> y entre cartas y besos
> amarillos suspiras porque, *al verlas,*
> no te serán ya *esos*
> más que —*pendientes de los ojos*— perlas.

(AFH 17)

Estas dislocaciones son explicables con un ritmo métrico rígido como el de las estrofas clásicas. Pero el caso es que los encabalgamientos y demás rasgos que hemos señalado se dan también en los poemas construidos en el llamado verso libre. Entonces hay que buscar para ellos otra motivación, ya que el verso libre tiene en su origen el deseo de acomodar totalmente la unidad de sentido a la unidad métrica, esto es, el verso; así, por ejemplo:

> Triste, triste es el mundo,
> como una muchacha huérfana de padre a quien los salteadores de abrazos sujetan contra un muro.

Muchas veces hemos pretendido que la soledad de los
hombres se llenase de lágrimas.
Muchas veces, infinitas veces hemos dejado de dar la mano
y no hemos conseguido otra cosa que unas cuantas areni-
llas pertinazmente intercaladas entre los dientes.

(RC 53)

Cuando en el verso libre se producen dislocaciones hay
que atribuirlas entonces a la anticipación, que hace fundir en
una sola unidad de sentido las dos unidades expresadas, o al
deseo de realzar algún elemento que quedará así relativa-
mente aislado y subrayado. En estos versos:

Árboles abolidos,
volveréis a brillar
al sol. Olmos sonoros, *altos*
álamos, lentas encinas,
olivo
en paz...

(PPP 66)

al sol y *en paz,* colgando por el sentido del verso anterior, quedan como subrayados: "precisamente al sol", "precisamente
en paz"; mientras *altos,* anticipando a los *álamos* del verso siguiente, reúne éstos a los *olmos,* como aspectos simultáneos
del mismo contenido que quiere expresar el poeta.

La anticipación de un elemento de la unidad de sentido
siguiente, puede también deberse al deseo de dejar aislado lo
demás, que actúa como estribillo:

y mírate desnuda en el espejo, *como*
en un charco de lágrimas.

(AFH 25)

"En un charco de lágrimas" es el verso que cierra los cinco períodos estróficos del poema.

Otras veces, la dislocación es más bien como un indicio del tono de canturria con que han de leerse los versos, con ese ritmo salmodiante y monótono, desatento del significado, con que se suelen recitar a coro las preces religiosas (por ejemplo: "padeció / debajo del poder / de Poncio Pilatos", etc.); así en el recogido poema "Con nosotros (Glorieta de Bilbao)" (PPP 32):

> En este café
> se sentaba don Antonio
> Machado.
>   Silencioso
> y misterioso, se incorporó
> al pueblo,
> blandió la pluma,
> sacudió
> la ceniza,
> y se fue...

(Donde también el corte rítmico entre *silencioso* y *misterioso,* insiste en ambos adjetivos, aludiendo al "Misterioso y silencioso / iba una y otra vez" de Rubén).

Finalmente, en algún caso, como en el poema "Crecida" (AFH 56), la dislocación del ritmo se debe a la acomodación de éste al ritmo real de lo expresado: la "crecida", la riada que avanza a empujes sostenidos y sucesivos. Pero hay en este poema otros elementos que contribuyen a dar esta sensación (como veremos pronto).

Reiteraciones y contrastes

La reiteración de elementos en la cadena rítmica puede ser de dos tipos, por fuera: reiteración del mismo elemento léxico (repetición de una palabra), o reiteración del mismo elemento sintáctico (agregación de una nueva palabra o de varias palabras con idéntica función gramatical); en ambos casos, hay reiteración o intensificación del mismo elemento del contenido psíquico conformado poéticamente; en ambos casos, la resonancia emotiva o fantasística del primer elemento resulta incrementada en el segundo (y en los siguientes: hay casos de acumulación en cadena, de gradación, cada uno de cuyos eslabones recoge y redobla la sugestión del anterior). Ya apuntamos algo de esto al tratar arriba de los adverbios en *-mente*.

El contraste de elementos, aunque procedimiento diverso, conduce también al aumento de las resonancias expresivas de aquéllos, cuyo contenido choca dentro de una misma secuencia. El contraste es normalmente binario; de ello resulta que el verso, la estrofa, o el poema, en que se producen, quedan polarizados como en dos zonas rivales que se iluminan mutuamente y se balancean en un ritmo de vaivén. Este binarismo se da también en las reiteraciones.

Examinemos algunos casos. El más sencillo es la reiteración inmediata, por aposición como en estos versos:

¡Quiero *vivir, vivir, vivir!*...

(RC 27)

Cuando morir es ir donde no hay *nadie, nadie, nadie;* caer, no llegar *nunca, nunca, nunca*...

(AFH 31)

... y mi mano derecha seguiría *hablando, hablando, hablando.*

(PPP 15)

> ... el pie del pueblo
> *avanza, avanza* hacia la luz.

(PPP 49)

O bien por medio de la conjunción copulativa:

> Desesperadamente *busco y busco...*

(AFH 33)

> No me resigno. Y *sigo y sigo.* Y si
> caigo, gozosamente en pie, prosigo
> *y sigo, sigo...*

(A 154)

> *Puertas, puertas y puertas.* Y más *puertas.*

(EC 64)

En todos estos ejemplos, el vocablo reiterado produce una intensificación (pero nótese que en "quiero vivir, vivir, vivir" lo intensificado no es *vivir,* sino la querencia, el deseo expresado por el verbo *querer,* como si dijera "quiero vivir, quiero vivir, quiero vivir"). El matiz de tal intensificación depende del contenido psíquico en cada caso.

Un segundo tipo es la reiteración diseminada dentro del poema; entonces, igual que los estribillos, igual que los *leitmotiven,* lo reiterado es como el hilo conductor, como el gozne en torno al cual gira la composición matizándola totalmente. Recuérdese, a este respecto, algún poema que analizamos a propósito de los adverbios en *-mente* (p. 66). Alguna vez lo reiterado son varios vocablos y el poema resulta del tipo "correlativo-reiterativo", como los ha llamado Dámaso Alonso. Así, en "Música tuya" (A 91 = con variantes AFH 20):

> ¿Es verdad que te gusta verte hundida
> en el *mar* de la música; dejarte

llevar por esas *alas;* abismarte
en esa *luz* tan honda y escondida?

Música celestial, dame tu vida,
que ella es la esencia y el clamor del arte;
herida estás de Dios de parte a parte,
y yo quiero escuchar sólo esa herida.

Mares, alas, intensas *luces* libres,
sonarán en mi alma cuando vibres,
ciega de amor, tañida entre mis brazos.

Y yo sabré la música ardorosa
de unas *alas* de Dios, de una *luz* rosa,
de un *mar* total con olas como abrazos.

En algún caso la reiteración es más bien de sinónimos, o casi sinónimos:

Cuando besar una mujer desnuda
sabe a *ceniza,* a *bajamar,* a *broza...*

(AFH 31)

... cuando se toca
con las dos manos el *vacío,* el *hueco.*

(AFH 32)

Y aun puede establecerse entre ellos una progresión creciente de intensidad:

... y no poder
hablar, gritar, hacer la gran pregunta.

(AFH 31)

Con ello se llega a casos límites con la reiteración de elementos sintácticos, ya no sinónimos por su contenido, pero con la misma función, y que sucesivamente determinan, precisando y afilando, la sensación oportuna. En el primer cuarteto del poema "Música tuya", citado hace un momento, encontramos los tres infinitivos (y sus determinantes) *verte, dejarte, abismarte,* tres aspectos del mismo contenido psíquico, los tres con el mismo papel gramatical. Otro ejemplo:

> *Yo tenderé y tiraré* hacia arriba,
> altos sueños, mis redes.
>
> (AFH 18)

Y este otro, donde es evidente la intensificación creciente de uno a otro miembro de la serie reiterativa:

> ... A bocanadas
> *bebes* mi vida. *Sorbes.* Sin dolerme
> tiras de mi raíz, subes mi muerte
> a flor de labio...
>
> (AFH 22)

Todavía más en estos otros versos, donde hay cinco sucesivos grupos, de idéntica función, para ir precisando y apurando la fuerza del sentimiento:

> Entonces, y además cuando da miedo
> ser hombre, y estar solo es *estar solo,*
> *nada más que estar* solo, *sorprenderse*
> de ser hombre, *ajenarse: ahogarse* solo.
>
> (AFH 32)

Ambos tipos de reiteración, léxico y sintáctico, pueden aparecer combinados; entonces, el pequeño contraste entre lo desemejante de los grupos reiterados insiste aún más en el clima de intensificación:

Pero la muerte, desde dentro, *ve.*
Pero la muerte, desde dentro, *vela.*
Pero la muerte, desde dentro, *mata.*

(AFH 14)

La reiteración sintáctica *ve-vela-mata,* contrastando por sus contenidos léxicos cada vez más violentos, remata sombríamente la reiteración léxica del "pero la muerte, desde dentro". Por otra parte, estos *ve, vela, mata,* contrastan por su significado opuesto con los tres elementos esenciales de los versos precedentes del poema: al hombre, "vivo y mortal",

le da miedo mirar. *Cierra los ojos*
para *dormir* el sueño de los *vivos.*

Y la muerte lanza su opaco triple "pero": el hombre cierra los ojos, pero ella ve; el hombre duerme, pero ella vela; el hombre sueña la vida, pero ella mata. Aquí vemos un caso de contraste. Y observemos cómo todos estos procedimientos que vamos desgajando por separado actúan intrincadamente y qué difícil resulta explicar los efectos de uno sin contar con la interacción de los otros.

El contraste puede darse también por contacto inmediato de sus elementos, y el resultado es un nuevo compuesto intensificado; en un terceto ya citado véanse los términos opuestos e indisolublemente combinados:

Ardientemente helado en *llama fría,*
una *nieve quemante* me desvela
y un *friísimo fuego* me desvía...

(RC 21)

O bien esta sucesión de opuestos que carga de lucha, de agonía entre dos poderes, todo el poema (citado ya) "Tú que hieres" (uno de los miembros de cada contraste va en cursiva, el otro va espaciado):

> ... te voy *llamando*
> a golpes de s i l e n c i o. Ven, te digo
> como un muerto furioso. Ven. *Conmigo*
> *has de morir.* C o n t i g o estoy creando
> m i e t e r n i d a d. (De qué. De quién.) De cuando
> arrebatadamente esté contigo.
>
> Y sigo, *muerto,* e n p i e. Pero te llamo
> a golpes de agonía. *Ven.* N o q u i e r e s
> Y sigo, muerto, en pie. Pero te *amo.*
> a besos de ansiedad y de agonía.
> N o q u i e r e s. Tú, que vives. Tú, que hieres
> arrebatadamente el ansia mía.

(AFH 63)

Por último, el contraste y la reiteración pueden aparecer aliados organizando todo un poema. Se trata más bien entonces como del desarrollo de unas variaciones sobre un mismo tema, que va apareciendo, desapareciendo y reapareciendo modificado por distintos esquemas sintácticos. Anteriormente (pág. 67) copiamos el poema "Igual que vosotros", dominado por el tema central insistente del adverbio *desesperadamente,* y del ritmo de oleaje, terco y continuo de los verbos duplicados ("busco y busco", "sigo y sigo"); pero luego hay el otro tema, el objeto *misterioso* y huidizo, expresado por un alarido de ignorancia: *qué sé yo.* Este *qué sé yo* va variando por contraste sucesivo, aumentando la oscuridad del misterio, alejando la posibilidad de alcanzarlo: *qué sé yo qué, no sé con qué, qué sé yo dónde (y si supieseis cómo), qué sé yo qué* (otra vez), *no sé en qué sangre, sin saber por qué, no sé de qué, por qué, quién sabe, qué sé yo qué, qué sé yo en qué, sin qué.*

En el poema "Crecida" (AFH 56-58), a que aludimos antes al referirnos a la dislocación del ritmo fluyente por acomodación al ritmo real de lo expresado, también colabora el desarrollo en variaciones de un tema (con varios subtemas):

Con la sangre hasta la cintura, algunas veces
con la sangre hasta el borde de la boca,
voy
avanzando
lentamente, con la sangre hasta el borde de los labios
algunas veces,
voy
avanzando sobre este viejo suelo, sobre
la tierra hundida en sangre,
voy
avanzando lentamente, hundiendo los brazos
en sangre,
algunas
veces tragando sangre,
voy sobre Europa
como en la proa de un barco desmantelado
que hace sangre,
voy
mirando, algunas veces,
al cielo
bajo,
que refleja
la luz de la sangre roja derramada,
avanzo
muy
penosamente, hundidos los brazos en espesa
sangre,
es
como una esperma roja represada,
mis pies
pisan sangre de hombres vivos

muertos,
cortados de repente, heridos súbitos,
niños
con el pequeño corazón volcado, voy
sumido en sangre
salida,
algunas veces
sube hasta los ojos y no me deja ver,
no
veo más que sangre,
sangre,
siempre
sangre,
sobre Europa no hay más que
sangre.

Traigo una rosa en sangre entre las manos
ensangrentadas. Porque es que no hay más
que sangre,

y una horrorosa sed
dando gritos en medio de la sangre.

El desarrollo del poema recuerda algunos del mismo tipo de Neruda (como "Barcarola"). El poeta va avanzando por Europa inundada de sangre. Es el tema. Y los subtemas: el avance penoso del poeta, la sangre, Europa y el tiempo sucesivo. Y al final, el contrapunto: la rosa (de la paz), la sed (de paz) surgen, pero dentro de la sangre. Obsérvese cómo no hay ni una sola pausa de cadencia hasta casi el final, y sólo las inevitables pausas o silencios de suspensión, dando la impresión del continuo de la "crecida"; movimiento continuo e incesante, regulado por impulsos sobrios y certeros[14]. Y véase cómo varían los temas, entre reiteración y contraste de elementos:

$$
\text{Voy}
\begin{cases}
\text{— avanzando}
\begin{cases}
\text{lentamente} \\
\text{con...} \\
\text{sobre}
\end{cases}
\text{avanzo muy penosamente} \\[1em]
\text{— hundiendo} \\
\text{— tragando (algunas veces)} \\
\text{— sobre Europa} \\
\text{— mirando (algunas veces)} \\
\text{— sumido (en sangre)}
\end{cases}
\text{mis pies pisan sangre}
$$

Tema de la sangre:

---

[14] En "Secuencia sintáctica y secuencia rítmica" (*Elementos formales de la lírica actual*, UIMP, 1967, pp. 11-16) añadimos sobre este poema lo siguiente: No cabe duda de que la dislocación del ritmo sintáctico se debe aquí a la acomodación de éste al ritmo de la secuencia de contenido, y, por consiguiente, al ritmo real de lo expresado: la "crecida", la riada que avanza a empujes sostenidos y sucesivos. Podría pensarse que la alternancia de versos largos y otros muy cortos es un puro recurso visual del flujo amplio y el reflujo breve de la marea creciente de sangre. Pero creemos que tal disposición tipográfica quiere reflejar el ritmo de lectura, y que es la elocución, rompiendo con pausas métricas la secuencia de sentido, la que pretende ser significativa, la que pretende reflejar y sugerir el avance penoso del poeta sobre Europa inundada de sangre. Por otra parte, las pausas métricas (de suspensión) que aparecen en el poema, aislando términos sintácticamente unitarios (*voy / avanzando / lentamente; algunas / veces,* etc.), son homogéneas y no perturban la entonación sintáctica general del poema. Sólo en el contrapunto final (la rosa de la paz, la sed de paz) el esquema sintáctico se hace normal. Tal regulación métrica, opuesta a la sintáctica, contribuye a que se realcen los elementos esenciales del tema y de los motivos que, como en variación musical, constituyen el poema (el avance penoso del poeta, la sangre, Europa, el tiempo sucesivo). Así, el insistente *voy* aparece siempre aislado o en comienzo de verso, y sólo cuando tal motivo va a disolverse queda relegado al final del verso (*con el pequeño corazón volcado, voy / sumido en sangre*). Así, el *avanzando* inicia siempre verso. Lo mismo diríamos de *la sangre*: siempre aparece realzada de alguna forma, rompiendo el esquema sintáctico (*hundidos los brazos / en sangre; hundidos los brazos en espesa / sangre; no / veo más que sangre / sangre, / siempre / sangre...*).

Con la sangre hasta { la cintura / el borde de { la boca / los labios

hundida en
hundiendo en espesa
tragando
que hace
la luz de la   } sangre — sube hasta los ojos
pisan
sumido en
no veo más que
una rosa en
en medio de la   ⌠ (= las manos ensangrentadas)

Tema de Europa:

Sobre {
      este viejo suelo
      la tierra hundida en sangre

      Europa { proa de barco que hace sangre / no hay más que sangre

Tema del tiempo:

algunas veces (con la sangre hasta el borde de la boca)
algunas veces (con la sangre hasta el borde de los labios)
algunas veces (tragando sangre)
algunas veces (voy mirando)
algunas veces (sube hasta los ojos)
siempre   (sangre).

El resultado de todo es ese ritmo casi musical que nos sobrecoge y nos penetra con extraña pujanza, lentamente, pero seguramente, como la crecida de la sangre derramada: el *algunas veces* se vuelve definitivamente *siempre:* "no / veo más que sangre, / sangre, / *siempre* / sangre, / sobre Europa no hay más que / sangre".

Paralelismo

El paralelismo no es otra cosa que la reiteración de secuencias más amplias, cuyos elementos se organizan conforme a un mismo esquema sintáctico (y naturalmente, sus contenidos psíquicos, si no son iguales, son equivalentes o análogos). A veces el paralelismo ocupa todo el ámbito de un poema, e incluso dentro de este paralelismo general aparecen otros conjuntos paralelísticos más breves e independientes, llenando el poema de un extraño ritmo insistente, reiterador, tenaz, como las gotas sucesivas y bien dirigidas que horadan una piedra. No es extraño que una poesía como la de Otero se manifieste en formas paralelísticas con gran frecuencia.

Desde sus comienzos, encontramos tal procedimiento; recuérdese el poema "Cuerpo de Cristo" (CP):

> Cuerpo de Cristo, por mi amor llagado,
> vida del alma cuando, al mundo, muerto...
> ¡tírame ese clavel ensangrentado
> que en la espiga, sin luz, de mi pecado
> ha florecido tu Costado abierto!
>
> Alma de Cristo, de dolores llena,
> mar de amargura bajo el verde olivo...
> ¡déjame que me lleve esa azucena
> que en la playa, sin sol, de mi honda pena
> pone un silencio de jazmín cautivo!
>
> Sangre de Cristo, manantial de plata
> en el oro, sin luz, de tu poniente...

¡mira este fuego de pasión que mata
y anégame en la espuma de escarlata
que brota, pura, de tu eterna fuente!

Son tres quintetos que discurren paralelamente, con la
misma estructura sintáctica: invocación (y aposiciones), imperativo, su objeto (salvo el tercer quinteto en que el imperativo se desdobla), y con contenidos psíquicos equivalentes:

1. Cuerpo de Cristo — vida del alma — tírame —
   clavel — espiga — sin luz — pecado — ha florecido.
2. Alma de Cristo — mar de amargura — déjame —
   azucena — playa — sin sol — pena — pone.
3. Sangre de Cristo — manantial de plata — mira, anégame
   — fuego, espuma — mata, brota.

En sus poemas posteriores el paralelismo estrófico persiste, mezclado con otros procedimientos, que dan al poema una
estructura muy compleja.
Veamos unos cuantos. Recordemos primero un soneto ya
citado:

Cuerpo de la mujer, río de oro
donde, hundidos los brazos, recibimos
un relámpago azul, unos racimos
de luz rasgada en un frondor de oro.

Cuerpo de la mujer o mar de oro
donde, amando las manos, no sabemos
si los senos son olas, si son remos
los brazos, si son alas solas de oro...

Cuerpo de la mujer, fuente de llanto
donde, después de tanta luz, de tanto
tacto sutil, de Tántalo es la pena.

Suena la soledad de Dios. Sentimos
la soledad de dos. Y una cadena
que no suena, ancla en Dios almas y limos.
(AFH 21)

En primer lugar se encuentran tres conjuntos paralelos
irradiados de un mismo elemento repetido tres veces: *cuerpo
de la mujer,* cuya estructura sintáctica es idéntica: *cuerpo de la
mujer,* comparación, *donde,* circunstancia, verbo (con sus suje-
tos y complementos):

1. Cuerpo de la mujer — río de oro — donde —
   hundidos los brazos — recibimos...
2. Cuerpo de la mujer — mar de oro — donde —
   amando las manos — no sabemos...
3. Cuerpo de la mujer — fuente de llanto — donde —
   después de tanta luz... — es...

Luego, dentro del conjunto segundo volvemos a encontrar otra serie de miembros paralelos, aunque más breves:

$$\text{no sabemos si} \left\{ \begin{array}{l} \text{los senos} \\ \text{los brazos} \\ \text{los brazos} \end{array} \right. \quad \text{son} \left\{ \begin{array}{l} \text{olas} \\ \text{remos} \\ \text{alas solas de oro.} \end{array} \right.$$

Dentro del conjunto primero se observa el binarismo rei-
terativo (no léxico):

$$\text{recibimos} \left\{ \begin{array}{l} \text{un relámpago azul} \\ \\ \text{unos racimos de luz...} \end{array} \right.$$

Y en el conjunto tercero, del mismo modo, hay acumulación reiterativa:

$$
\text{después de}
\begin{cases}
\text{tanta luz} \\
\\
\text{tanto tacto sutil}
\end{cases}
$$

(acompañada de la reiteración *tanta-tanto*).

Pero junto a estos elementos reiterativos paralelísticos, o dentro de ellos, hay otros de contraste y variación: *río de oro, frondor de oro, mar de oro, alas de oro.* Y un contraste de elementos que sólo chocan y se hacen visibles al ponerse en contacto en el terceto: *luz y tacto,* cuyos antecedentes son, en el primer cuarteto, el *relámpago azul* y los *racimos de luz*, y en el segundo (menos explícitamente), el amar de las *manos* (tocan o bogan, senos, olas), y que nos parece que resuenan respectivamente en el *almas y limos* del verso final. Mas no han acabado las complicaciones: el primer miembro de los dos primeros conjuntos paralelos apenas varía de uno a otro *(río de oro — o mar de oro);* al llegar al tercero, en cambio, leemos *fuente de llanto.* ¿Qué ha pasado? El paso a otra perspectiva: del "antes", pasamos al "después" (explícito en el primer terceto: *"después* de tanta luz, de tanto tacto sutil") y se establece un contraste que divide en dos partes el poema, y al que ya nos referimos anteriormente (pp. 52-53).

En este otro soneto, "Ciegamente" (AFH 23), se entrecruzan también varios recursos:

> Porque quiero tu cuerpo ciegamente.
> Porque deseo tu belleza plena.
> Porque busco ese horror, esa cadena
> mortal, que arrastra inconsolablemente.
>
> Inconsolablemente. Diente a diente,
> voy bebiendo tu amor, tu noche llena.
> Diente a diente, Señor, y vena a vena
> vas sorbiendo mi muerte. Lentamente.

Porque quiero tu cuerpo y lo persigo
a través de la sangre y de la nada.
Porque busco tu noche toda entera.

Porque quiero morir, vivir contigo
esta horrible tristeza enamorada
que abrazarás, oh Dios, cuando yo muera.

Primero: hay una serie paralelística de seis miembros, dividida en dos grupos de tres cada una, alguno de cuyos miembros presenta a su vez reiteración binaria:

1. Porque
{ quiero — tu cuerpo — ciegamente
{ deseo — tu belleza
{ busco — ese horror, esa cadena — que arrastra...

2. Porque
{ quiero, persigo — tu cuerpo — a través de la sangre...
{ busco — tu noche
{ quiero — morir, vivir esa tristeza — que abrazarás...

Hay un paralelismo entre los seis miembros; lo hay también entre los dos grupos ternarios. Y luego existe correspondencia reiterativa en cuanto al significado entre el trío de objetos verbales del primer grupo y el trío del segundo: *cuerpo — cuerpo, belleza plena — noche toda entera, horror y cadena mortal — morir y vivir esta horrible tristeza.*

Pero entre ambos grupos paralelos aparece el segundo cuarteto, encerrado como dentro de un paréntesis de resonancias lóbregas: entre el *inconsolablemente* inicial (eco profundo del término del primer cuarteto) y el *lentamente* final (eco, con variación, más apagado, más lejano, como un estruendo que rebota de monte en monte hasta extinguirse). Y este segundo cuarteto se ordena a su vez paralelísticamente, y con refuerzo intensificador del caudal del sentimiento (*diente a diente* se refuerza en *diente a diente y vena a vena):*

Diente a diente — voy bebiendo — tu amor, tu noche llena
Diente a diente y vena a vena — vas sorbiendo — mi muerte.

Y he aquí que el tercer elemento de estos dos conjuntos paralelos —*amor y noche* en el primero, *muerte* en el segundo— repiten, reiteran el trío de objetos del primer cuarteto y anuncian
el trío de objetos de los tercetos: *cuerpo — amor — cuerpo; belleza plena — noche llena — noche toda entera; ese horror y esa cadena
mortal — mi muerte — morir y vivir esta horrible tristeza.*
Otro ejemplo. El poema "En el principio" (PPP 13):

Si he perdido la vida, el tiempo, todo
lo que tiré, como un anillo, al agua,
si he perdido la voz en la maleza,
me queda la palabra.

Si he sufrido la sed, el hambre, todo
lo que era mío y resultó ser nada,
si he segado las sombras en silencio,
me queda la palabra.

Si abrí los labios para ver el rostro
puro y terrible de mi patria,
si abrí los labios hasta desgarrármelos,
me queda la palabra.

Hay aquí paralelismo entre las tres estrofas: todas tienen
el esquema

si — verbo (y complementos) — *si* — verbo (y complementos) — *me queda la palabra.*

Luego, dentro de cada estrofa, hay dos miembros paralelos: *si* — verbo (y complementos); además existe entre la primera y la segunda estrofa otra serie paralela, la de los complementos:

$$\text{Si} \begin{cases} \text{he perdido — la vida — el tiempo} \\ \text{he sufrido — la sed — el hambre} \end{cases} \text{todo lo que...}$$

$$\text{Si} \begin{cases} \text{he perdido — la voz — en la maleza} \\ \text{he segado — las sombras — en silencio.} \end{cases}$$

Y, finalmente, en la primera y en la tercera estrofa, los dos miembros paralelos son parcialmente reiterativos:

$$\text{Si} \begin{cases} \text{he perdido — la vida...} \\ \text{he perdido — la voz...} \end{cases}$$

$$\text{Si} \begin{cases} \text{abrí los labios — para ver...} \\ \text{abrí los labios — hasta desgarrármelos...} \end{cases}$$

La variación en el ritmo paralelístico que introduce la tercera estrofa se observa también en otro poema, el titulado "Libertad para la luz" y luego "Anchas sílabas" (EC 70):

Que mi pie te despierte, sombra a sombra
he bajado hasta el fondo de la patria.
Hoja a hoja, hasta dar con la raíz
amarga de mi patria.

Que mi fe te levante, sima a sima
he salido a la luz de la esperanza.
Hombro a hombro, hasta ver un pueblo en pie
de paz, izando un alba.

Que mi voz brille libre, letra a letra
restregué contra el aire las palabras.
Ah, las palabras. Alguien
heló los labios —bajo el sol— de España.

El esquema paralelo está claro. Sólo los dos últimos versos (y ya en la versión primitiva: "Abrid los ojos. Ved. / De mar a mar, la libertad os llama") se apartan y cortan el desarrollo paralelístico. Y además hay el contraste entre el *fondo* y la *raíz amarga* de la primera estrofa con la *luz* y el *alba* de la segunda.

Por último, hay un tipo de series paralelas al que podemos llamar de paralelismo en serie indefinida. Un caso es el poema "Entonces y además" (AFH 31-32):

> Cuando el llanto, partido en dos mitades,
> cuelga, sombríamente, de las manos,
> y el viento, vengador, viene y va, estira
> del corazón, ensancha el desamparo.
>
> Cuando el llanto, tendido como un llanto
> silencioso, se arrastra por las calles
> solitarias, se enreda entre los pies,
> y luego suavemente se deshace.
>
> Cuando morir es ir donde no hay nadie,
> nadie, nadie; caer, no llegar nunca, nunca,
> nunca; morirse y no poder
> hablar, gritar, hacer la gran pregunta.
>
> Cuando besar una mujer desnuda
> sabe a ceniza, a bajamar, a broza,
> y el abrazo final es esa franja
> sucia que deja, en bajamar, la ola.
>
> Entonces, y también cuando se toca
> con las dos manos el vacío, el hueco,
> y no hay donde apoyarse, no hay columnas
> que no sean de sombra y de silencio.
>
> Entonces, y además cuando da miedo
> ser hombre, y estar solo es estar solo,
> nada más que estar solo, sorprenderse
> de ser hombre, ajenarse: ahogarse sólo.
>
> Cuando el llanto, parado ante nosotros...

Tenemos aquí un poema en cadena sin fin, de los que se muerden la cola (tal el de Guillén "Sierpe": "Sigue, sigue, sigue, sigue..."). Hay seis conjuntos paralelos terminados con un solo verso que no cierra el poema, sino lo abre a un vuelta a empezar o a una inacabable infinitud: 1. *cuando el llanto cuelga,* 2. *cuando el llanto se arrastra,* 3. *cuando morir es ir,* 4. *cuando besar sabe,* 5. *cuando se toca el vacío,* 6. *cuando da miedo ser hombre,* 7. *cuando el llanto...* Todas estas frases, más o menos complejas, quedan entonadas como rama tensiva, como prótasis de una proposición, cuya rama distensiva o apódosis no acaba de aparecer ni aparece nunca, quedándose en mera potencia apuntada sólo por los dos *entonces* que parece van a relajar nuestra creciente impaciencia remansándola en la distensión. Pero sólo apuntan; en seguida, tras una pausa de suspensión, insiste, resurge la tensión con un nuevo elemento: *y también cuando, y además cuando.* Y no sabemos nunca lo que pasa, y el poeta renuncia: nos deja abierto hacia un hueco inacabable el último verso:

Cuando el llanto, parado ante nosotros...

Después, junto a este paralelismo, hay otros miembros paralelos en cada conjunto, hay variaciones y hay reiteraciones. Así se percibe un paralelismo más cercano entre las estrofas primera y segunda:

cuando el llanto { partido... — cuelga — de las manos

tendido... — se arrastra — por las calles...

y entre la tercera y la cuarta:

cuando { morir — es — ir, caer, morirse

besar — sabe — a ceniza, bajamar, broza

y entre la quinta y la sexta:

$$
\text{entonces}
\begin{cases}
\text{y también} \\
\text{y además}
\end{cases}
\text{cuando}
\begin{cases}
\text{se toca — el vacío} \\
\text{da miedo — ser hombre}
\end{cases}
\text{y}
\begin{cases}
\text{no hay donde...} \\
\text{estar solo es...}
\end{cases}
$$

En cada estrofa, luego, hay otros paralelismos; en la primera, por ejemplo:

el llanto — cuelga — partido
el viento — viene y va — vengador.

Y, en fin, recuérdense las reiteraciones de tipo diverso que analizamos ya anteriormente: *se arrastra — se enreda — se deshace; ir — caer — no llegar — morirse y no poder hablar, gritar, hacer; ceniza — bajamar — broza; vacío — hueco; apoyarse — columnas; estar solo — sorprenderse — ajenarse — ahogarse.*

Ruptura del ritmo poético y apelación

Hay momentos en la poesía de Otero en que lo que hemos llamado ritmo poético queda en suspenso, interrumpido más o menos violentamente, por una frase, una secuencia que nos pone en otro mundo, donde ya no hay resonancias sentimentales ni figuraciones imaginativas, un mundo como intruso y discordante: las palabras no nos dicen ya más que lo que significan, no son más que palabras corrientes y molientes. E incluso encontramos poemas en que el hilo pragmático ha urdido toda la tela. ¿Por qué? Veamos algunos ejemplos.

El poema "Canto primero" (AFH 49 = A 128) arriba con viento largo de sentimiento hasta el verso que comienza "Solo está el hombre". Y ahora parece que se despierta un profesor o un dirigente que va quitando por momentos la palabra al hombre: *¿Es esto lo que os hace gemir? ¿Os da miedo, verdad?*, y hasta ergotiza y juega del vocablo: *Soy. Luego es bastante ser, si procuro ser quien soy. ¡Quién sabe si hay más! En cambio, hay menos.* Se produce una ruptura evidente del ritmo poético; el "hilo de Ariadna" del sentimiento se quiebra y lo reemplaza a tramos la hebra sólida y fría del logos. ¿Qué ocurre? ¿Este ritmo prósico es un desfallecimiento del poeta? No lo creemos.

Otero mismo pone a este poema una nota, dice de él que "es una llamada a la sinceridad". *Llamada,* es decir, apelación; *sinceridad,* esto es, integridad, pureza, del hombre entero, y el hombre entero es sentimiento y es razón. Llama al hombre entero a la integridad humana, y así la llamada del sentimiento se dobla y se apoya en la llamada de la razón, logrando una apelación duplicada, una posibilidad de afectar a los llamados por doble vía. Es curioso, además, que sea precisamente en los poemas métricamente más libres donde esta intrusión de material intelectualizado sea más frecuente. Pensamos que las formas métricas regulares, como más rígidas, necesitan un mayor número de recursos expresivos del sentimiento, mientras que las formas libres, cuyo ritmo viene regulado exclusiva o casi exclusivamente por el sentimiento, permiten una mayor desatención a la eliminación de materia conceptual. Véase, por ejemplo, el poema "A punto de caer" (RC 31), donde ponemos en cursiva los elementos discursivos intelectuales —léxicos o sintácticos—:

> *Nada es tan* necesario al hombre *como* un trozo de mar
> y un margen de esperanza más allá de la muerte,
> *es todo lo que necesito,* y acaso un par de alas
> abiertas en el capítulo primero de la carne.
>
> *No sé cómo decirlo,* con qué cara
> cambiarme por un ángel de los de antes de la tierra,
> se me han roto los brazos de tanto darles cuerda,

decidme qué haré ahora, *decidme* qué hora es y si aún hay
  tiempo,
es preciso que suba a cambiarme, que me arrepienta sin
  perder una lágrima,
una sólo, una lágrima huérfana,
por favor, decidme qué hora es la de las lágrimas,
sobre todo la de las lágrimas sin más ni más que llanto
y llanto todavía y para siempre.

Nada es tan necesario al hombre como un par de lágrimas
a punto de caer en la desesperación.

O bien en estos fragmentos de "Que cada uno aporte lo
que sepa" (RC 49):

Acontece querer a una persona,
a un sapito, *por favor, no lo piséis...*

Pero la gente
lo cree así, y cuelga colgaduras
y echa por la ventana banderas y una alfombra,
como si fuera verdad,
como (se suele decir) si tal cosa...

Ocurre, lo he visto con mis propios medios.

Estos incisos reflexivos (*es todo lo que necesito, no sé como de-*
cirlo, se suele decir, lo he visto con mis propios medios) en que el poeta se vuelve a sí mismo contemplando racionalmente lo que
crea y como apoyando y corroborando lo que va diciendo, y
esas apelaciones (*decidme, por favor, no lo piséis*) para introdu-
cirse en los demás, sorprenden, nos separan del ritmo poético y nos hunden en la realidad; con ello se hace más violento
el sentimiento de la escisión entre ésta y aquél, de modo que
al retornar a fases con ritmo poético, éste queda intensificado. Cumplen, pues, un propósito expresivo estos materiales

prósicos, no son un mero peso muerto, son llamadas, apelaciones, toques de atención para evitar la distracción.

Por lo demás, no es seguro que estos incisos conceptuales estén completamente horros de resonancia sentimental, ni que no cumplan una función de sugestión afectiva. Recordemos cómo en el poema "Igual que vosotros" (AFH 33) la frase *esa es la cosa,* después de *desesperadamente,* aumentaba y remachaba la tonalidad sentimental: *desesperadamente, esa es la cosa.* En los versos que acabamos de citar:

> Acontece querer a una persona,
> a un sapito, *por favor, no lo piséis...*

esa apelación extraña —*por favor, no lo piséis*— ¿no reduplica el sentimiento de ternura, de piedad, de delicadeza que inicia el diminutivo precedente, *sapito?*

Sugeridores o no de sentimiento, estos incisos prósicos quedan, por tanto, explicados como consecuencia de una intención predominantemente apelativa por parte del poeta, la misma que —es obvio— se refleja en las formas verbales o pronominales de segunda persona de plural: *aquí tenéis, hablaros de la vida, si queréis, ahincad, escuchad, abrid los ojos, ved, miradme, arad,* etc., y en los versos iniciales de "Redoble de conciencia":

> a todos, oh sí, a todos van, derechos,
> estos poemas hechos carne y ronda.

Este diálogo implícito con la "mayoría" se refleja también algunas veces en que la elocución toma rumbo de conversación del poeta consigo mismo, de "monodiálogo", en el cual uno de los interlocutores sería lo que el poeta imagina que diría la "mayoría". En el poema "Tabla rasa" (RC 43) explícito está el verbo referente a los interlocutores:

¿Sangre, decís? ¡Oh, sangre a borbotones!...

El poema acaba de decir: *la sangre abel corrió a montones.* Y se vuelve a los interlocutores como si le indicaran algo: *¿sangre, decís?* Pues bien: el verbo aquí explícito queda tácito en otros muchos casos: en el poema "Luego" (AFH 24 = "Sumida sed" A 95):

> Te veía, sentía y te bebía,
> solo, sediento, con palpar de ciego,
> *hambriento, sí, ¿de quién?, de Dios sería.*

El último verso es como la condensación de un diálogo: "—¿Hambriento?—Sí.—¿De quién? —De Dios sería", entre el poeta y el interlocutor. La misma intención apelativa se encuentra en aquellas variaciones del "qué sé yo qué" del poema "Igual que vosotros", ya analizado. Y en estos otros versos de "Gritando no morir".(RC 27):

> ... Porque los muertos
> se mueren, *se acabó, ya no hay remedio.*

Analizamos: "—Los muertos se mueren. — ¡No! — Sí, sí, se acabó, ya no hay remedio."

En el poema "Ni él ni tú" (RC 39):

> Sábanas son el mar, navío el lecho,
> sedas hinchadas a favor de espanto,
> *y para qué cambiar:* si me levanto
> surco la misma sed que si me echo.

la frase inesperada (sintácticamente) *y para qué cambiar* sólo se explica como respuesta a un interlocutor que aconsejara separarse del "espanto". En el mismo poema volvemos a encontrar este tono de diálogo:

... silba a los cuatro vientos del olvido,
a ver si vuelve Dios. A ver qué pasa.
Qué va a pasar. Silencio a martillazos.

Qué va a pasar es categórica respuesta negativa a quien
pensara o insinuara que algo hubiera podido pasar.

8. Expresividad del material fónico

Al principio del capítulo anterior nos referíamos a que uno
de los factores concomitantes del ritmo poético era la secuencia de los sonidos, la particular sucesión del material fónico. Este es en la lengua normal independiente del contenido psíquico: la forma sonora de una palabra, de una frase es
arbitraria con respecto al significado, no existe obligatorie-
dad de que tales sonidos sean portadores de tal significación;
su relación es resultado de una convención social.

Pero los sonidos, como materia acústica, producen necesariamente una reacción sensorial: resultan agudos o graves,
ásperos o mates, y la capacidad sinestésica permite que se aso-
cien a otras especies de sensaciones no auditivas, sino visua-
les, o táctiles, o a matices del estado sentimental del ánimo.
Esta capacidad sugeridora latente en los sonidos, que la lengua normal pragmática suele descuidar, es aprovechada, en
cambio, por la poesía, que tiende a que todo lo que constituye el poema sea expresivo, sea espíritu formado y no materia
bruta y silente.

Si los sonidos aislados tienen esta posibilidad sugeridora,
el ritmo que su peculiar sucesión produce, dará, por tanto,
una impresión sensorial o sentimental determinada. Para que
ésta sea expresiva, es decir, para que realmente sea captada,
tiene que ir asociada a un contenido psíquico idóneo. Entonces la temperatura sentimental, la configuración imaginativa

del contenido poético se manifiesta no sólo por la secuencia de los significados, sino también por la secuencia y variaciones de la materia fónica, que, al hacerse expresiva, queda igualmente formalizada.

Este ritmo expresivo del material fónico se conseguirá por medio de los dos recursos fundamentales de lo rítmico: la repetición y el contraste, la reiteración y la variación. Pueden ocurrir entre unidades fónicas de mayor o menor extensión: palabras, sílabas, grupos de palabras. Para nuestro intento, vamos a examinar en la poesía de Otero varios tipos de este fenómeno: el juego de palabras, la aliteración, los ecos o rimas, cierto tartamudeo silábico. Porque Otero, aunque su poesía esté tan alejada de todo intento preciosista de complacencia en su propia orfebrería, posee una extraordinaria capacidad para aprovechar expresivamente todos los elementos del complejo lingüístico en que se manifiesta la poesía. De seguro inconscientemente, apura los recursos expresivos del material fónico como muy pocos poetas.

El juego de palabras consiste en que dos contenidos desemejantes, a veces dispares, se expresan con dos series fónicas muy parecidas, sólo distinguidas por un sonido o dos. El contraste entre la semejanza fónica y la disparidad semántica es lo que produce la resonancia expresiva, esto es, la reiteración sonora no viene acompañada de una paralela reiteración del significado, y éste resulta intensificado. He aquí unos ejemplos:

> ... mariposa
> rosa y blanca, *velada* con un velo.
> *Volada* para siempre de mi rosa...
>
> (AFH 19)

> ... donde después de *tanta luz,* de *tanto*
> *tacto* sutil, de *Tántalo* es la pena.
>
> (AFH 21)

Sólo el ansia me *vence,* pero *avanzo...*

(AFH 42)

... del *hombre; hambre* inmortal...

(AFH 67)

... en *medio* de los dos, el *miedo* crece...

(RC 23)

            ... acoso
—no sé, *acaso*— de un ser tan misterioso...

(RC 26)

... tras tu *llamada* se hace *llamarada...*

(RC 27)

Que un *hombre,* a *hombros* del miedo...

(RC 57)

Eché la noche por la *borda. Al borde*
del vértigo, viré y cambié de sitio...

(A 154)

Obsérvese además que en muchos casos el juego de palabras se reparte simétricamente en el verso, contrapesándolo
en dos partes, y ocupando a veces las palabras opuestas los
puntos más acentuados del verso:

Abro los *ojos:* me los *sajas* vivos.

(AFH 37)

... a los *hijos* del hombre los *ojos* les comiera...

(RC 58)

... un *manto* verde, como el mar, el *monte...*

(AFH 52)

O bien estableciendo su contacto en el centro del verso:

> el pájaro se *posa,* y *pasa* y hiede...
>
> (AFH 40)

> ... la paz del *hombre,* el *hambre* de Dios vivo.
>
> (RC 59)

Otras veces la simetría se marca entre dos versos:

> Suena la soledad de *Dios.* Sentimos
> la soledad de *dos.*
>
> (AFH 21)

En algún caso el juego de palabras es más complejo; el contraste de significados no se produce entre las palabras casi homófonas, sino entre una de éstas y alguna que acompaña a la otra:

> ... oh altos
> hornos, infiernos hondos en la niebla.
>
> (EC 64)

Hay aquí evidentemente una cierta semejanza fónica, aliteración, entre *hornos* e *infiernos* (acompañada de analogía de contenido), pero también hay casi homofonía entre *hornos* y *hondos*, y este adjetivo *hondos,* por su contenido, contrasta con el adjetivo *altos* correspondiente a *hornos.*

Otro tipo de juego de palabras ocurre entre homófonos. Un ejemplo muy característico:

> Hoy *hilo, hilo a hilo,* la esperanza
> a ojos cerrados, sin perder el *hilo,*
>
> (A 154)

donde el primer *hilo* es verbo, el segundo y tercero constituyen una frase adverbial iterativa, y el cuarto es también sustantivo, pero formando parte de la frase hecha "perder el hilo", 'equivocarse'.

La repetición de un mismo sonido o la reiteración de sonidos muy afines a lo largo de un verso, o de una estrofa, constituye la aliteración. El poder sugestivo de los sonidos, concordes con el contenido que quiere manifestar el poeta, impregna así todo el verso o toda la estrofa, trabando todos sus miembros íntimamente dentro de una tonalidad de sentimiento o de una visión imaginativa determinadas. Por ejemplo, el poema "Tierra" (RC 23, ya citado) está lleno de consonantes nasales, que se condensan al final:

> ... *n*o haber *n*acido
> hu*manamen*te *nunca* e*n n*i*n*gú*n* vie*n*tre.

O en la primera estrofa del poema "Virante" (A 154), ya citado, la persistencia, el tesón del poeta se manifiesta también con la reiteración de sibilantes y velares, sobre todo con las sílabas *si* y *go:*

> No me resigno. Y sigo y sigo. Y si
> caigo, gozosamente en pie, prosigo
> y sigo, sigo. Si queréis seguirme...

Otros ejemplos:

> *Tr*amo a *tr*amo, *tr*emando, se deshace
> (RC 26)

> ... como un náu*fr*ago a*tr*oz que gime y nada,
> *tr*ago *tr*ozos de mar y agua rosada...
> (RC 38)

Algunas veces el motivo fónico de la aliteración cambia a lo largo del poema; así, en el soneto "Cuerpo de la mujer" (citado en la p. 52), donde el primer cuarteto resuena con interdentales y vibrantes: *brazos, recibimos, relámpago, azul, racimos, luz rasgada;* el segundo cuarteto con sibilantes: *no sabemos si los senos son olas, si son remos los brazos, si son olas solas de oro.* Y en el viraje del terceto, aparecen oclusivas dentales y nasales implosivas: *fuente, llanto, donde, después de tanta luz, de tanto tacto sutil, de Tántalo es la pena.*

La aliteración puede adoptar más cuerpo y consistir en una especie de rima interna, combinada o no con la rima de fin de verso. Un ejemplo muy típico sería el soneto "Mademoiselle Isabel" (citado en la p. 55), donde la alacre sílaba *él* (una de las rimas) penetra y danza por todos los versos (sobre todo en los cuartetos).

Otro ejemplo diferente, a base de ecos más que de rimas, sería el poema "León de noche" (PPP 35-36):

> Vuelve la cara, Ludwig van Beethoven,
> dime qué ven, qué viento entra en tus ojos,
> Ludwig; qué sombras van o vienen, van
> Beethoven; qué viento vano, incógnito,
> barre la nada... Dime
> qué escuchas, qué chascado mar
> roe la ruina de tu oído sordo;
> vuelve, vuelve la cara, Ludwig, gira
> la máscara de polvo,
> dime qué luces
> ungen tu sueño de cenizas húmedas;
> vuelve la cara, capitán del fondo
> de la muerte, tú, Ludwig van Beethoven,
> ¡león de noche, capitel sonoro!

El poema, de ritmo muy musical (ya anota el poeta: *En voz alta)*, tiene tres temas: *vuelve la cara, dime, Ludwig van Beethoven.* El poema consiste en la variación y entrecruzamiento de los tres. Y se notan tres fases. La primera comprende el tema *vuelve la cara,* escueto y simple, acompañado del vocativo

(Ludwig van Beethoven) y de la primera variación del tema *dime* junto al cual se reitera ramificado el vocativo *(Ludwig, van Beethoven);* el tema *dime* aparece con cuatro complementos que se corresponden dos a dos: *dime qué ven—qué sombras van o vienen, qué viento entra en tus ojos—qué viento vano barre la nada.* Luego aparece la segunda variación de *dime,* sólo con dos complementos correspondientes en lo auditivo a lo visual de los cuatro anteriores: *qué escuchas* (antes: *qué ven), qué chascado mar roe la ruina de tu oído sordo* (antes: *qué viento entra en tus ojos).* En la segunda fase el primer tema aparece reiterado y modificado: *vuelve, vuelve la cara y gira la máscara de polvo* (y nótese el juego de palabras *cara—máscara),* seguido del vocativo simplificado *(Ludwig)* y del tercer *dime* con un solo complemento: *qué luces ungen tu sueño.* En la tercera fase se repite escuetamente el tema *vuelve la cara* y se desarrolla totalmente el tema del vocativo: *capitán del fondo de la muerte: tú, Ludwig van Beethoven, león de noche, capitel sonoro,* que acaba orquestalmente el poema. Pues bien: a esta estructura se añaden las aliteraciones, que contribuyen a dar al ritmo un tono de misterio profundo. Puede notarse que cada uno de los temas o de las fases viene expresado por ecos fónicos diferentes. En la primera variación del tema *dime,* la resonancia de labiales y nasales, sobre todo las sílabas del tipo *van,* hace cundir una expresividad insistente que recuerda los famosos golpes del destino: *van Beethoven, qué ven, qué viento, van o vienen, van Beethoven, viento, vano, barre...* En su segunda variación, aparecen los sonidos ásperos y violentos de *ch* y *r: escuchas, chascado mar, roe, ruina, sordo.* Y en su tercera variación, de fúnebres alusiones *(máscara, polvo, cenizas,* esto es, muerte), resuena el lúgubre matiz de *u: lucen, ungen, tu sueño, húmedas.* Finalmente, el tema *vuelve la cara* arrastra a lo largo del poema la oclusiva velar y la vocal *a: cara, chascado, máscara, cara, capitán, capitel.*

La aliteración y los ecos o rimas, cuando son inmediatos, dan la impresión de que un tartamudo repite sílabas, de que alguien agitado por la vehemencia y la pasión se atropella y articula tumultuosamente los mismos sonidos. Esto sucede con cierta frecuencia en los versos de Otero, cuyo contenido suele ser tan violento. He aquí unos ejemplos:

... El mar —la mar—, como un *himen inmenso*...
(AFH 14)

... en un silencio desolado, li*ento*.
*Ento*nces, ¿para qué...
(RC 20)

... Ved. La Nada en ple*no*.
No preguntéis...
(RC 43)

Por *fin, fing*e la muerte un alba hermosa
(RC 44)

... se agolp*an an*te un cielo cerrado a cal y canto.
(RC 58)

... sin *norte, Norte*améri*ca, ca*yéndose hacia arriba
(RC 57)

A*si*a inmensa, *ah sí,* esclava del primero que ladre
(RC 58)

... y un cu*chillo*
*chilla*ndo, haciéndose pedazos...
(PPP 75)

... volveréis a brillar
al s*ol. Ol*mos, sonoros, altos...
(PPP 66)

... *ay, si* un hilo me *asi*ese *así,* de súbito.
(A 108)

Y muchos otros casos.

9. FINAL

A lo largo de esta segunda parte creemos que se ha podido ir viendo cómo está conformada la expresión de Blas de Otero. Hemos analizado los aspectos que nos han parecido más importantes o característicos y que hemos sido capaces de observar. (Acaso otros se nos habrán escapado).

Nos parece que hemos insistido lo suficiente en indicar que estos elementos parciales de la lengua de Otero carecen por sí solos de valor y que únicamente lo cobran unidos a un contenido pertinente y considerados en un conjunto indisoluble en el momento de la creación. La intuición poética es unitaria, y la gestación del poema se desarrolla a partir de aquélla orgánicamente en todos sus aspectos, que crecen y se van manifestando en armónica trabazón y no cada uno independientemente, igual que en un ser vivo normal las células se van diferenciando también en proceso concorde y no dispar. De la intuición inicial del poema, por asociaciones oportunas e iluminadoras, van naciendo, en concordancia, los elementos del contenido y de la expresión que constituirán el poema. Este es resultado de la interacción de las asociaciones de contenido y de expresión: la una y la otra no se producen separadas, sino en íntima simbiosis. Así, los juegos fónicos no son caprichosos ni arbitrarios, sino motivados por la marcha paralela de las asociaciones de contenido.

Se nos revela, creemos, la poesía de Otero como una de las que presentan un mayor aprovechamiento de todos los recursos expresivos, a la vez que mantiene un equilibrio permanente entre lo que la poética tradicional llamaba fondo y forma (para nosotros todo forma, o todo contenido formalizado). Recuérdense muchos ejemplos examinados en las páginas anteriores, donde todos los elementos del poema se sostenían y explicaban mutuamente (tal el soneto "Cuerpo de la mujer", con todas sus complicaciones de léxico, ritmo, fonética, conducentes a un mismo fin).

Postscriptum en 1966

El estudio que precede se escribió en el verano de 1955. Se basa en la obra publicada hasta entonces por el poeta, más algunos inéditos que luego han aparecido en volumen. Todo lector de Blas de Otero pensará que su poesía ha variado considerablemente en esta decena larga de años (en temas, tono, ritmo poético, estilo), sobre todo al comparar, por ejemplo, *Ángel fieramente humano* y *Que trata de España*, separados por tres quinquenios. En consecuencia, este trabajo debería haberse rehecho por entero. No obstante, se ha preferido dejarlo tal como fue redactado originariamente, corrigiendo sólo detalles y añadiendo complementos obvios (también, para facilidad del que lo consulte, se incluye ahora la procedencia de los versos que se citan o comentan). La decisión adoptada puede justificarse. La trayectoria del poeta, en lo temático e ideológico, ya queda suficientemente dibujada en este estudio, pues los libros posteriores a éste no hacen sino corroborar, con mayor insistencia, lo que allí se apuntaba: la consecuente y progresiva inclusión del poeta en el "nosotros", la huida consciente de toda postura insolidariamente personal. No parece, pues, necesario agregar nada a lo ya dicho. Sólo que, ahora, con mayor perspectiva, tanto el lector como el poeta ven mejor adónde se dirige con su poesía: resumiendo, puede decirse que el camino iniciado "a la inmensa mayoría", llega a penetrar "en la inmensa mayoría" y a proseguirse "con la inmensa mayoría" (cfr. QTE 48, 54). La misma ordenación nueva que el poeta hace de su obra (véase QTE 4) permite observarlo: el prólogo —sus libros *Cántico*

Espiritual y *Ancia* ("llamando al arma, desalmando el cuerpo a golpes de pasión o de conciencia" [QTE 28])— por un lado y el núcleo central por otro, ya bien decidido lo que se pretende: *Que trata de España,* dividido en dos partes, la primera parte (cfr. el poema "Y otro": "Así termina la primera parte" [EC 137]) que incluye *Pido la paz y la palabra* y *En castellano,* y la segunda, de la que sólo ha publicado el libro que da título al conjunto. Instructivo resulta, a este respecto, cotejar dos poemas que significativamente aparecen juntos en ENEL 22-23, uno el inicial de RC, 13 (y de *Ancia,* 25), y otro (así titulado) de *En castellano,* 137. En el primero, el poeta se dirige

> A ti, y a ti, y a ti, tapia redonda
> de un sol con sed, famélicos barbechos...

y se lamenta de que

> corre a salvaros, y no sabe cómo!

Casi diez años después —en el segundo— el poeta se contempla:

> Un hombre. ¿Solo? Con su yo soluble
> en ti, en ti, y en ti. ¿Tapia redonda?
> Oh no. Nosotros. Ancho mar. Oídnos.

En cuanto al estilo, el incorporar ahora material nuevo tampoco hubiera descubierto otras vetas de la estructura poética de Otero. El resultado del análisis de las páginas anteriores es aplicable a los últimos libros. En ellos el lector encontrará sin dificultad más ejemplos de los mecanismos estudiados. Desde este punto de vista, lo único en que convendría insistir es la mayor desnudez de la expresión. Dice el poeta

Apreté la voz
como un cincho, alrededor
del verso.

(EC 20)

... cerceno
imágenes, retórica
de árbol frondoso o seco.

(QTE 29)

Pero persisten los módulos fundamentales. Cuando
—pocas veces— ha sido aconsejable apuntar algún rasgo
complementario se señala en nota. Otro punto que podría haberse tratado: el estudio de las variantes entre sucesivas ediciones del mismo poema. A ello nos referimos en la reseña a
Ancia, publicada en *Archivum*, Oviedo, IX, páginas 436-439,
y que se reproduce a continuación.

RESEÑA DE *ANCIA*

En vista de que sus poemas, los que constituyen el libro *En
castellano,* no pueden salir a la luz pública, el autor ha hecho
bien en reunir sus libros anteriores, *Ángel fieramente humano* y
Redoble de conciencia, en un solo volumen. No se trata, sin embargo, de una simple reedición; Blas de Otero ha agregado
numerosos poemas que habían quedado fuera de las dos colecciones precedentes —aunque ha eliminado un par de
ellos—, y así puede decirse que *Ancia* es un libro nuevo.
Nuevo por su contenido — un tercio permanecía inédito—
y nuevo por su ordenación, con la cual los poemas incluidos
cobran un sentido más preciso y coherente. Que ello es cierto lo demuestra el hecho de haber sido galardonado el nuevo
volumen con el codiciado Premio de la Crítica.

El título, como se ve fácilmente, es resultado de uno de los rasgos más característicos de Otero: la compresión, la reducción del material formal a lo mínimo; esto es, con la sílaba inicial del primer libro y la final del segundo ha aparecido ese vocablo "Ancia", que —¿por casualidad?— pronunciado a la vasca o a la americana resulta homófono de "ansia". Y ansia de algo es toda la poesía de Blas de Otero, la de este volumen como la de sus composiciones ulteriores. El libro canta las diferentes etapas que el ansia del poeta ha recorrido, desde el desamparo agónico de la divinidad hasta el descubrimiento de un fin que dé cuenta y razón de la existencia y que se utiliza como tema central de *Pido la paz y la palabra* y los poemas posteriores, el hallazgo del "hombre" y de su "patria terrenal". Con la nueva ordenación de estas composiciones se observa desde el principio del libro claramente la intención del poeta, antes —cuando los primeros libros— todavía no claramente consciente. Así, ahora desde el umbral, aparece el destinatario de la poesía oteriana (A 25):

> "Es a la inmensa mayoría, fronda
> de turbias frentes y sufrientes pechos,
> a los que luchan contra Dios, deshechos
> de un solo golpe en su tiniebla honda.
> ...a todos, oh sí, a todos van, derechos,
> estos poemas hechos carne y ronda.

Cobra de este modo sentido el camino de búsqueda del poeta, adquiere inmediatamente dirección su navegación angustiosa por el mar de la divinidad, sabemos a qué abra va a recalar su azotado navío.

Veamos ahora qué modificaciones nos aporta este libro, sin duda uno de los capitales de la poesía española del punto medio del siglo. Primero, hagamos constar que se nos ofrecen 48 poemas inéditos, al menos en libro —algunos aparecieron ya en revistas o antologías—. Luego observemos

la ordenación de *Ancia*. Tiene una introducción dedicatoria
—el citado soneto "Es a la inmensa mayoría...", procedente
de *Redoble de conciencia*— y un epílogo resumen "Conmigo
va", con dos poemas, uno incluido ya en *Redoble* ("Porque vivir se ha puesto al rojo vivo") y otro inédito, sin duda posterior y coetáneo a los poemas de *Pido la paz* (que termina:
"Háblame, escúchame, oh inmensa Mayoría"). Entre ambos
extremos los poemas se dividen en cuatro partes desiguales,
simplemente numeradas de 1 a 4, pero con contenido bien
delimitado. El primer apartado tiene dos grupos de poemas,
los primeros se refieren a la agonía personal, los segundos
aluden ya al puente que el poeta tiende entre sí mismo y los
demás hombres y la angustia más que la individual es la de
sentirse hombre junto a los demás hombres. La segunda parte contiene poemas eróticos, queremos decir poemas en que
la angustia del desamparo aparece en las relaciones de poeta
y amada; no se trata de cantos amatorios nebulosos, sino del
mismo problema de siempre, el problema radical de la existencia, reflejada en las vicisitudes del amor más o menos total. En la tercera parte, la más breve, se juntan poemas en
cierto modo gnómicos, en el género lapidario que desde Sem
Tob ha llegado hasta Antonio Machado y Unamuno; y poemas en que también cierta amarga veta humorística, cómica
y sarcástica hace su aparición, fenómeno no ajeno tampoco a
la tradición española y muy frecuente en el cancionero pós-
tumo de Unamuno; una serie de poemas en que el poeta se
purga de sus malos humores:

> Escribo como escupo. Contra el suelo
> (oh esos poetas cursis, con sordina,
> hijos de sus papás) y contra el cielo.
>
> (A 124)

Finalmente, la cuarta parte es la que enlaza directamente esta primera etapa de la poesía de Otero con la representada por

los poemas de *Pido la paz y la palabra* y *En castellano*, poesía que llamaríamos social, si al tal adjetivo no se le hubieran por su mucho uso adjuntado matices en modo alguno aplicables a la personal e inalienable inspiración de nuestro poeta. Ya queda aquí el poeta "voceando paz (a pasos agigantados, avanzando a brincos incontenibles)" (p. 154) e invitando a los demás hombres: "Si queréis seguirme, ésta es mi mano y ése es el camino", el camino explícito en los libros ulteriores.

Debemos también señalar cuáles son las variaciones en los poemas ya conocidos con respecto a las ediciones anteriores. Hay algunos cambios de título, que resultan más explícitos; no nos referimos a ellos, sino a las variantes de algunos versos. Muchas responden a recreaciones del poeta que ha sabido precisar la expresión primitiva, o que ha querido modificar su alcance. Tales son, por ejemplo, en el poema "Aren en paz" la sustitución de *Europa* por *el mundo*, o *la verdadera sed de ser eternos* por *la represada sed de libertad*; o en "Hijos de la Tierra" la sustitución de *Asia inmensa, ah sí, esclava del primero que ladre* por *Asia, la inmensa flecha que el futuro taladre*. En todos estos casos vemos que la intención del poeta y su misma visión ha cambiado, se ha matizado. Otras variantes son más bien de tipo diríamos literario tales en "Paso a paso" (p. 41, que se había publicado en *Poesía Española*, 18): los primeros versos decían: "Tachia, los hombres sufren. No tenemos / ni un trocito de Dios con que ayudarlos / a sufrir. Llevan rotos rumbo y remos...", ahora leemos: "Tachia, los hombres sufren. No tenemos / ni un pedazo de paz con que aplacarles: / roto casi el navío ya sin remos..." (donde además vemos una de esas frases de otros poetas que Otero gusta engarzar en sus voces; aquí de fray Luis: roto casi el navío); y al final donde se decía: "Tienes que amarlos, Tachia; te lo pido / por Dios, si no te bastan tantos muertos", ahora leemos: "Larga es la noche, Tachia... Escucha el ruido / del alba abriéndose paso —a paso— entre los muertos" (donde es cierto que la modificación no es sólo de expresión sino de intención). Otras veces la sustitución es puramente metafórica: así en pág. 106 en lugar de *hasta ahogarme en tu mar, contra las sábanas*, aparece ahora *hasta ahogarme en tu mar, marbella viva*; o en el poema de pág. 91 en lugar de *Si es así, no ames más; dame tu vida*, leemos *Música celestial, dame tu vida*. Pero queda un grupo de variantes que ni la intención expresiva ni la perfección formal pueden explicar. Se trata de variantes *ad usum delphini*, casi todas muy divertidas: *yos*, bonito plural del pronombre de primera persona, en lugar del nombre de la divinidad, que como muestra la biblia no ha de nombrarse; *asembrinas*, adjetivo que sustituye a *asesinas*, *hielo* por *cielo;* pero sobre todo la variante que a los eruditos del siglo XXI les haría romperse el cerebro —si no hubiera sido publicada previamente, como lo fue, la lección primitiva— sería la del verso final del poema "Plañid así" (A 139 y RC 51), que podrían interpretarla como una referencia a las excesivas cargas que pesan sobre los usuarios del fluido eléctrico: (plañid) "por todos los que sufren en la tierra *despachurrando el contador"*. Debemos reconocer que el poeta ha tenido ingenio extraordinario para lograr efectos tan interesantes al tener que tachar su expresión poética.

En suma. Repetimos que *Ancia* es uno de los libros que quedará como hito en la historia de la poesía española de este siglo, uno de los libros que mayor influencia ha ejercido sobre los poetas coetáneos.

III
VARIA

EN LA MUERTE
DE BLAS DE OTERO

CON EL título "La poesía de Blas de Otero" (aquí págs. 17 y ss.) inauguré en la Universidad de Oviedo el curso académico 1955-56. Ese trabajo fue luego reeditado, con ligeras correcciones y leves complementos, en 1966. Desde entonces —a casi cinco lustros— han pasado muchas cosas, entre ellas —y aquí fundamental— la muerte de Blas de Otero en julio pasado. La ocasión es propicia para reconsiderar los valores de la obra del poeta, ahora ya irremisiblemente conclusa y además liberada de las cortapisas de la censura.

No voy a hacer un resumen de mi antiguo estudio, en el cual pretendía exponer la situación de la labor de Otero dentro de las tendencias poéticas de la posguerra y señalar las directrices de sus ideas y resultados, analizando los rasgos más característicos de su estilo. Quiero más bien fijarme, desde lo que podría llamarse protohistoria del poeta, en la coherencia de su andadura, en la unidad —aunque no siempre consciente— de su intención poética y en el rigor vigilante, nunca decaído, si bien variado, de su expresión, la cual representa sin duda una de las voces más peculiares, intensas y originales de todo el siglo XX en España. De otro modo: quisiera atender —con término unamunesco— a la intrahistoria del poeta Blas de Otero, el meollo intransferible y permanente que hay por debajo y por dentro de la "persona" externa y social, es decir, la "persona" o máscara que nos ponemos o nos ponen para actuar en el gran teatro del mundo. No hablaremos, pues, de esa máscara de poeta perseguido, marginado, clandestino, maldito, luego transmutada, con apoteosis de turiferarios, en la máscara incorruptible de intocable vate profético. Nos ocuparemos sólo de lo que es en sí la poesía de Otero, independientemente de que pueda ser o sea portadora o portavoz de valores más o menos eternos.

En primer lugar, convendrá hacer un recuento de su labor poética. La ordenación de la obra completa de Blas de Otero es bastante complicada, porque algunos libros son reajustes de otros, bastantes poemas se repiten en diferentes colecciones y, además, sin contar los inéditos, hay muchas composiciones dispersas por revistas y antologías. Sus libros comienzan con el folleto de 1942 *Cántico Espiritual*, y siguen con *Ángel fieramente humano* de 1950 y *Redoble de conciencia* en 1951. Estos dos, con otros poemas coetáneos, pero con distinta distribución, se refunden posteriormente en *Ancia*, 1958, cuyo título es resultado del empalme de la sílaba inicial del primero y de la final de segundo. Entretanto se publica en 1955 *Pido la paz y la palabra*, y cuatro años después (en París, a causa de la censura) *En castellano*. Ambos constituyen (según corrobora un poema del último libro: "Así termina la primera parte") la "primera parte" del núcleo central de la obra de Otero, que recibe título general de uno de los fragmentos de lo que el poeta llama segunda parte: *Que trata de España*, publicado también en París en 1964. Antes, sin embargo, en 1963, editó una selección amplia de todos sus poemas bajo el título *Esto no es un libro*. Seis años más tarde, en 1969, ofrece una nueva selección de poemas publicados e inéditos que titula *Expresión y reunión*. Al año siguiente se editan *Mientras* y, en prosa lírica, *Historias fingidas y verdaderas*. Después aparecen varias colecciones de tipo antológico diverso: *País* 1971, *Verso y prosa* 1974, *Poesía con nombres* 1977 y *Todos mis sonetos* 1977 (aunque excluye alguno de los más antiguos). En todas estas selecciones se incluyen poemas de varios libros anunciados por el poeta: *Poesía e historia* (que parece abarcar *Monzón de mar* y *Con Cuba*), *Hojas de Madrid con La galerna*, que será lo último del poeta y que conocemos fragmentariamente a través de las citadas publicaciones, por inclusiones en revistas o por comunicación privada. Este barullo bibliográfico se complica aún más si se atiende a que Otero anuncia ocasionalmente libros nunca editados luego: así, *Complemento directo* y *Edición de madrugada* (que quedaron sumidos en *Ancia*), o *Ardua patria* que se convirtió en *Que trata de España*. Para una bibliografía completa habría que añadir los casi desconocidos poemas previos a *Cántico Espiritual*, que el poeta ha olvidado o repudiado en general. Sólo en *Expresión y reunión* ofrece una muestra con el epígrafe de "Poemas anteriores", cuya cronología queda señalada con el año final de esa etapa: ...-1941, indicando con los puntos suspensivos el incierto comienzo de su actividad poética.

Es lógico pensar que un poeta tan maduro en su expresión al publicar en 1942 *Cántico Espiritual*, a los veintiséis años, haya recorrido una larga etapa previa, protohistórica e incluso prehistórica, de entrenamiento riguroso. El poeta no nace de la noche a la mañana; si sus condiciones poéticas son innatas, el oficio, el mester, requiere un aprendizaje: el poeta también se hace. Naturalmente, de la prehistoria poética de Otero —o ausencia de testimonio escrito, seguro que por destrucción crítica del propio poeta— no podemos decir nada. Pero es evidente que Otero debió de comenzar muy tempranamente sus ejercicios versificatorios como consecuencia de abundantes lecturas. Hay una clara alusión a estas aficiones infantiles en la "Mediobiografía" lírica de *Historias fingidas y verdaderas*, donde le vemos niño distraído de la matemática y absorto en la lectura:

> "El niño está ante la pizarra de la clase de Aritmética, todo aquello le suena a mentira, en la sala de estudio acaba de leer unos versos que creo que decían *Mi niña se fue a la mar / a buscar olas y chinas*. El cura que vigila a los alumnos se ha acercado al niño y le ha dado una fuerte bofetada". (HFV 63).

De esta incipiente vocación no conocemos nada. Sin embargo, tenemos muestras de lo que llamamos protohistoria, de esos "poemas anteriores" nunca recordados ni recogidos por el poeta. Que sepamos, los más antiguos son tres "Baladitas humildes" (*Conformidad, Resignación y Paz*) y tres quintetos, "Cuerpo de Cristo, por mi amor llagado", publicados en la Revista de la Congregación (Kostkas) de Bilbao en 1935, cuando el poeta tenía 19 años [1]. Luego aparecen —no puedo precisar ahora el número— algunos poemillas en *Vértice,* la lujosa revista que empezó a publicarse en San Sebastián el año 1937. Ya después de la guerra, en Pamplona, el cuaderno 6 de *Albor* (que dirigía Díaz Jácome), de 1941, comprende cuatro poemas de Otero: "La obra", "El agua", "Señor..." y los quintetos citados "Cuerpo de Cristo...". Del período siguiente a *Cántico Espiritual* y anterior a *Ángel fieramente humano* (1950) conocemos "Poesías en Burgos" (impresas en *Escorial,* 1943) y unos "Poemas para el hombre" (publicados en *Egan,* 1, 1948). Aquellas no han vuelto a recogerse; de éstos, siete sonetos (con alguna variante) pasaron a

---

[1] Después de muchos años, agradezco públicamente al poeta bilbaíno Gregorio San Juan el conocimiento de estos textos.

Ángel fieramente humano y uno a *Redoble de conciencia*. Otros dos sonetos y un poema largo "Poeta" no han vuelto a aparecer. Sin duda habrá en revistas de escasa difusión otras composiciones de la época protohistórica de Blas de Otero.

Teniendo esto en cuenta, creo que el futuro editor de la poesía completa de Otero (que podría titularse "Sesenta años de poesía e historia") debería ordenarla siguiendo el criterio del mismo poeta expuesto parcialmente aquí y allá:

1. *Poemas anteriores*, donde se reunirían con *Cántico Espiritual* todos los versos dispersos precedentes a *Ángel fieramente humano*, y no recogidos ni refundidos en libros posteriores.

2. *Ancia* (con *Ángel fieramente humano* y *Redoble de conciencia* y los poemas coetáneos y afines).

3. *Con la inmensa mayoría* (o Primera parte: *Pido la paz y la palabra*, y *En castellano*).

4. *Que trata de España*.

5. *Poemas posteriores*.

6. *Poemas finales* (*Hojas de Madrid con La galerna*, y otros).

Esta ordenación parece ajustarse tanto a la cronología vital y poética como a las etapas ideológicas recorridas por Otero, desde la fe ingenua inicial, pasando por la duda, hasta la nueva fe, templada al final por cierto escepticismo nostálgico.

La evolución ideológica de Otero no está oculta para nadie[2]. Formado y educado en un ambiente típicamente vascongado, sus creencias infantiles y de la primera juventud son producto claro del tradicionalismo católico y jesuítico de Bilbao (todavía lo vemos bajo la férula ignaciana colaborando con la congregación en 1935). ¿Cuándo y cómo las firmes creencias comienzan a tambalearse? No es nunca explícito el poeta; de todas maneras, el proceso de debilitación de la fe puede ser lentísimo: en todos los llamados *Poemas anteriores*, aunque pueden aparecer síntomas de duda, la creencia se mantiene firme o, al menos, se desea y se busca. Acaso sea por los años cuarenta, cuando se precisa su cambio ideológico. En un poema biográfico (*Biotz-begietan*) dice: "allí sufrí las iras del espíritu". A partir de ese momento, su poesía se centra en una desesperada y violenta búsqueda de seguridad, interrogando a Dios, monologando con él, requiriéndolo y rechazándolo y hasta vituperándolo, porque se siente inerme. Después de tanta lucha (reflejada en *Ángel fieramente humano* y *Redoble de conciencia*), desesperadamente caído en tierra el "ángel con grandes alas de cadenas", aparentemente derrotado y maltrecho, descubre el suelo, y a su contacto (de la tierra, de la realidad) se rehace:

> Este es mi sitio. Mi terreno. Campo
> de aterrizaje de mis ansias. Cielo
> al revés. Es mi sitio y no lo cambio
> por ninguno. Caí. No me arrepiento.
>
> (PPP 40)

Y desde entonces una nueva fe le anima: "Definitivamente cantaré para el hombre". No deben importar mucho los atributos externos y prácticos de esta nueva fe: no es ningún secreto la militancia de Otero en el PC desde el principio de los años cincuenta. Porque si, consecuentemente, los temas o los motivos de parte de su poesía ulterior se inscri-

---

2 Ni lo estaba para los modernos inquisidores de los años cincuenta: véase el artículo reproducido en apéndice.

ben en el consabido humanismo internacionalista, no ha de olvidarse que los valores poéticos no proceden de las sustancias ideológicas que se manejan sino de las dotes expresivas y de la intensidad de los sentimientos del poeta. Lo que sí interesa es hacer hincapié en la unidad psicológica de su actitud: sinceridad, apasionamiento y fe. Otero, antes y después, actúa del mismo modo: como un creyente; la unción personal de sus primeros versos religiosos se traslada ahora a la unión solidaria y social; del yo considerado como minúscula e intransferible partícula de Dios, el poeta pasa al yo microscópico y soluble en la inmensa Humanidad. Con sus propias palabras:

> Un hombre. ¿Solo? Con su yo soluble
> en ti, en ti, y en ti. ¿Tapia redonda?
> Oh no. Nosotros. Ancho mar. Oídnos.
>
> (EC 136)

Podría hacerse un cotejo de esta evolución de Blas de Otero con la de Unamuno, por quien tan poca simpatía sentía y cuya influencia rechazaba, aunque sin duda la hubo. Unamuno también procedía de una familia bilbaína de arraigadas creencias; también descubrió las iras del espíritu, cuando fue a cursar sus estudios en Madrid; también estuvo tentado por lo social y por el socialismo, y también mantuvo una larga lucha —o agonía como él diría— con Dios y con la muerte. Pero Unamuno, al perder las creencias, no se conformó; incapaz de renunciar a su propio yo personal, indisoluble en los demás, se empeñó en inventarse una fe asentada sobre la duda, con su sentimiento trágico de la vida. Es este encerramiento, aislamiento o ensimismamiento de don Miguel lo que probablemente repugnaba a Otero, que se empeñó en enajenarse en la alegría del aire libre. Pero no simplifiquemos: aunque voluntariamente sumergido en el inmenso mar de la mayoría, Otero no deja de mirarse para adentro. Voluntariosos y tenaces los dos, hechos los dos de la madera del creyente, que está convencido de necesitar un asidero en la trascendencia, uno y otro se inventan una nueva fe, distinta sí, pero paralela en la intención: engañarse y descansar en ella; uno, la pervivencia personal, el otro la perduración social del Hombre a lo largo de las edades. Como ejemplo de esta disolución en los demás, de este ser simple eslabón de una cadena, véase un soneto de los últimos de Otero:

AYER MAÑANA

La primera palabra está escondida
en la boca del pueblo: el romancero
y el cancionero popular: prefiero
este hontanar con agua reunida.

Luego viene fray Luis, con recia brida
tirando de su labio verdadero;
y Quevedo, chascando el verso, fiero
látigo relampagueándole la herida.

Y viene Rosalía, estremecida
como niebla en el valle: una campana
tañe en la lontananza, dolorida.

Y Machado. Y Vallejo. Y la ventana
de aquella cárcel de Nazim. La vida
sigue, otra voz resonará mañana...

(TMS 119)

La continuidad humana es lo que importa al poeta.

Con independencia de matices políticos o religiosos, la poesía de Otero aparece, pues, informada unitariamente desde sus comienzos por una misma intención de raíz quijotesca: la crítica y el rechazo de la injusticia y la búsqueda encarnizada de la paz. Lo que ha cambiado es el destinatario. Al principio la protesta se dirige contra la injusticia biológica de la inexcusable mortalidad humana; luego, tras el descubrimiento de la tierra, el poeta pasa del cielo al suelo ("cielo al revés", nos dice) y lucha contra la injusticia histórica de los hombres. Las circunstancias personales y temporales del poeta justifican que esta crítica se centre sobre la situación de su "ardua patria": España. Pero no se piense que la queja y la censura se limiten al tan socorrido período de la cuarentena última, sino que se remontan a toda la historia anterior. Alguno puede preguntarse si un tema como éste, tan ceñido a un ambiente particular concreto (nuestro país), posee cualidades idóneas para producir logros poéticos. Porque, en efecto, desaparecidas las causas de la injusticia que se combatía y la peligrosidad de la crítica, el tema deja de ser palpitante. Así habría sido, si Otero se hubiera limitado a escribir panfletos prácticos (lo que no hizo). Sin embargo, puede pensarse que el simple paso del tiempo hace envejecer la eficacia de lo que se dice o se da a entender. El mismo Otero decía "¡Cómo come el tiempo!", refiriéndose a la poca impresión que hoy suscitan poemas o libros en otra época apreciados y ensalzados. Pero es inevitable en todo poeta esta llamémosla "ganga" temporal, pues vive en unas determinadas circunstancias y tiene que asumirlas.

Desde este punto de vista, puramente material, es cierto que no puede hablarse en rigor de "poesía eterna", porque siendo ella producto humano tiene que ser perecedera como todo lo humano. Son razonamientos de esta suerte los que conducen a ciertos críticos a considerar los primeros libros como lo más valioso de Otero, puesto que su fuente es el problema eterno de la mortalidad del hombre. No obstante, insisto, la intención y la capacidad expresiva de Otero es la misma con unos temas y con otros. Podrán envejecer éstos, la mera materia que la lengua transforma en poesía; pero ésta, que es forma, se mantiene. Lo que ocurre es que el lector corriente ve sólo la sustancia contenida en el cristal de la forma poética; son pocos los lectores que se complacen en la trasparencia formal dándose cuenta de que es ella la que conforma las sustancias contenidas. Por otro lado, el tema de España, aunque orientado entre líneas por la nueva fe del poeta, que espera un mañana luminoso, está manejado poéticamente desde el sentimiento, un amoroso sentimiento dolorido de solidaridad, de auténtica fusión con el paisaje y el paisanaje y lejos de todo matiz de propagandas dirigidas. ¿Qué otra cosa nos dice, por ejemplo, el siguiente poema de *Que trata de España?*

OTOÑO

Tierra
roída por la guerra,
triste España sin ventura,
te contemplo
una mañana de octubre,
el cielo
es de acero oxidado, el primer frío
guillotina las hojas amarillas,
patria
de mi vivir errante,
rojas colinas
de Ciudad Real,
fina niebla de Vigo,
puente sobre el Ter, olivos alineados
junto al azul de Tarragona,
tierra
arada duramente,
todos te deben llorar,
nosotros
abrimos los brazos a la vida,
sabemos

que otro otoño vendrá, dorado y grávido,
ávidamente halando hacia la luz.

(QTE 184, ER 114)

Ahí no hay política, sino puro sentimiento patriótico, dolor por la injusticia, esperanza en un mañana.

Pasado el período de rebeldía "a contra dictadura y contra tiempo", persiste no obstante la injusticia en el mundo. El poeta ya no necesita utilizar el paradójico recurso del "escribo y callo", del aludir eludiendo, al que me he referido en otra ocasión. Su crítica, su palabra, nos dice, sigue "siempre a punto de brotar para resguardar la vida y la justicia y la dignidad". Se mantiene la fe en el mañana, el sentimiento de solidaridad, pero su vida "entre enfermedades y catástrofes" le lleva a un cierto sereno escepticismo o serena resignación, en que su propia historia tiñe constantemente los temas en apariencia más objetivos. Paradigma del dolor de todos los hombres, sus propias vivencias emergen por todas partes, particularmente las de la niñez, la adolescencia y la primera juventud. Los últimos poemas, entre violentas diatribas a la sociedad de consumo que esclaviza al hombre, entre ilusas esperanzas de redención terrenal, están cargados de una melancólica ensoñación del tiempo ido, de aquel niño que fue y que su madre guardaba en su "armario de luna y de manteles". Veamos algún ejemplo. El primero es un soneto que con recuerdos hábilmente tejidos de fray Luis combina la actitud serena con la firmeza de sus convicciones, pero lejos de todo espíritu de lucha:

POR SABIA MANO GOBERNADA

Serenidad, seamos siempre buenos
amigos. Caminemos reposada-

mente. La frente siempre sosegada
y siempre sosegada el alma. Menos

mal que bebí de tus venenos,
inquietud, y no me supiste a nada.
El aire se serena, remansada
música suena de acordes serenos.

No moverán la hoja sostenida
con mis dedos, a contra firmamento
en medio del camino de mi vida.

Vísteme de hermosura el pensamiento,
serenidad, perennemente unida
al árbol de mi vida a contra viento.

(TMS 114)

Y otro ejemplo en que la fe incambiable se impregna de
resignada melancolía:

CAMINOS

Después de tanto andar, paré en el centro
de la vida: miraba los caminos
largos, atrás; los soles diamantinos,
las lunas plateadas, la luz dentro.

Paré y miré. Saliéronme al encuentro
los días y los años: cien destinos
unidos por mis pasos peregrinos,
embridados y ahondados desde dentro.

Cobré más libertad en la llanura,
más libertad sobre la nieve pura,
más libertad bajo el otoño grave.

Y me eché a caminar, ahondando el paso
hacia la luz dorada del ocaso,
mientras cantaba, levemente, un ave.

(TMS 127)

Nótese que esa "luz dentro", que esos pasos "embridados y ahondados desde adentro" son resonancias de un motivo persistente desde los primeros versos de Otero: el "secreto", que ya estaba cerca, de su poema "La obra" (1941), el "agua que sentía en sus entrañas redivivas" del *Cántico Espiritual*, y que todavía aparecía más desarrollado en el poema paralelístico "Poeta" (publicado en *Egan* en 1948 y luego nunca recogido) con su estribillo "pero por dentro"[3].

Por último, recordemos el poema "Cantar de amigo", muy repetido tras la muerte del poeta, que por un lado ofrece también estructura paralelística y que, por otro, muestra claramente la fusión de lo personal y lo social[4]. En él resuena la paradójica persistencia de la fe y la verdad por sobre el silencio injusto y la muerte, que ya aparecía en el poema de *Pido la paz y la palabra*:

> Mis ojos hablarían si mis labios
> enmudecieran. Ciego quedaría,
> y mi mano derecha seguiría
> hablando, hablando, hablando...
>
> (PPP 15)

En suma, la poesía de Otero, a pesar de las connotaciones extrapoéticas variables a lo largo de su vida, se muestra perfectamente unitaria desde sus comienzos, desde los poemas anteriores de 1941 ("Ya está cerca el secreto"; "Lenta pluma, alto trabajo firme y pensativo contándome las horas por la espalda") y de 1942 ("Venid, venid a oírme; ya siento los misterios desplegarse, ..."; "Para alumbrar el agua que yo siento latir en mis entrañas redivivas"). Es un mensaje de paz y de tenaz rechazo de la injusticia, un mensaje en que la fusión del

---

[3] Véase adelante p. 166.
[4] Véase adelante p. 202.

hombre particular y los hombres todos se realiza con violenta sinceridad y con intensa emoción. Constantemente se consigue la equiparación de la biografía del poeta con la historia de su patria. Y así, aun en los casos de mayor intención social, late en el fondo la intransferible personalidad del poeta con sus recuerdos melancólicos "entre enfermedades y catástrofes".

Publicado en *Blas de Otero. Study of a Poet*, Ed. with an introduction by C. Mellizo and L. Salstad, University of Wyoming, Dpt. of Modern and Classical Languages, 1980.

«ESCRIBO Y CALLO»
Y «CUÁNTO BILBAO
EN MI MEMORIA»

DESDE 1955, en cuyo verano redacté el librillo *La poesía de Blas de Otero*, ha llovido mucho (a pesar de las sequías). Algunos chubascos se nos han quedado dentro. De otras precipitaciones ni nos acordamos, y ésas, si evocadas, nos parecen mentira. Ahora, cuando se puede decir casi todo —porque se han dado cuenta de que casi todo no interesa casi nada a casi nadie—, me pongo a pensar en los motivos que me empujaron a escribir aquello, precisamente como lección inaugural en la solemne apertura del curso universitario de Oviedo ("solemne" significa simplemente que ocurre una sola vez al año). Junto con la evidente atracción ejercida por las virtudes poéticas de Blas de Otero, creo que el motor primero de mi decisión fue mi consuetudinario gusto de ir a contrapelo de lo vigente y el regodeo íntimo de dejar al descubierto, mediante capciosos equilibrios de alusiones y elusiones, lo que, por naturaleza impuesta, debía entonces permanecer en lo oscuro. Ya lo vio así algún listo (*ᶜalay-hi as-salam!*) cuando, meses después, el poeta dio un recital de sus versos en la Universidad. Pero esto es agua pasada. Y la de hoy es la que lleva Blas al cruzar, por su cauce, el puente anual número se-

senta. Son ya hartos ojos, es ya mucho avanzar por tajos y ho-
ces, es ya hora —parece (¿parece?)— de que en curso lento,
ancho y entre verdes álamos que menee el aire, podamos con-
templar desde este puente su caudal íntegro, con sus cánticos
y ángeles, con sus paces y esperanzas realizadas, y también
con los detritos arrancados del paisaje áspero, sin estaciones
depuradoras de "sombras", "sueños" y "similares". Buena
ocasión ésta para editar un tomo: "Sesenta años de poesía e
historia".

Entre tanto me pregunto: ¿qué hará ahora el poeta, ahora cuando ya no hay necesidad de decirnos "Escribo y callo"
(esto es, aludo y eludo)? Y sobre todo: ¿cómo vería yo la labor del poeta ahora, con veinte años más a cuestas y tantos
menos por delante? Interrogaciones vanas; porque hecho está
el camino, y sus polvos y sus lodos nos acompañarán siempre
(también, claro, el recuerdo de sus estrellas y sus lunas).
Vuelvo, pues, hacia atrás y divagaré un rato sobre cosas vistas al bogar por el río de Blas de Otero, entre "palabra" y "silencio".

* * *

Uno de los temas constantes de la poesía de Otero es el
que podría condensarse con la frase recién mentada: "Escribo
y callo". Se trata de la reflexión del autor sobre la propia obra
y de la expresión poética de su drama íntimo: el grito ahogado por la mordaza. En un poema de su libro inédito *La galerna* (así titulado, al menos, hace dos años) se lee:

A VECES
(*poética*)

Escribiendo borroso
viviendo claro

```
contando
cosas
        sucedidos
del alma
        los hombres
                        países
las palabras un espejo de niebla
reflejando palabras
                            concretas
subconsciente vidriera
de la palabra directa
inverosímil
adherida a sus adyacentes
        silencio
        a veces
                solo
                        silencio
```

(ER 265)

Es una pena que no podamos oírselo recitar al autor, porque entonces sabríamos dónde caen las pausas, las cadencias,
las anticadencias, y lo entenderíamos mejor. Pero consecuente con su propósito declarado de "escribir borroso", ha preferido prescindir del común arbitrio de la puntuación, aunque
sustituido parcialmente por la distribución topográfica (y tipográfica) de los blancos y los negros de la página. Con ello
no siempre resulta unívoca la interpretación de las relaciones
establecidas entre los contenidos que nos comunica. Inciden-
talmente, cabe preguntarse qué intención significativa conlleva este escamoteo que muchos poetas hacen de los signos
de puntuación. ¿Es que el poema significaría otra cosa ador-
nado con puntos y comas? ¿Es que los puntos y comas, o sea
la entonación y sus pausas, pueden omitirse cuando se lee el
poema en voz alta? Confieso mi ignorancia, porque si en el
bloque de contenido que manifiesta el poeta no hay por den-

tro pausas, sí existe en cambio una jerarquía de relaciones entre sus elementos simultáneos, y son éstas las que en la proyección lineal de la expresión quedan explícitas en parte gracias a los rasgos que representamos gráficamente con puntos y comas.

Hechas estas salvedades, el texto del poema debe entenderse según la clave del subtítulo y considerarlo como un semeje subjetivo y concentrado del estado de ánimo y de la finalidad poética implícitos en la labor de Otero. Constituye una variación del paradójico motivo "Escribo y callo" del poema *Biotz-begietan* aludido antes (PPP 53). Como sabemos, lo importante para Otero es "aquella fiesta brava del vivir y morir" (RC 65, A 157) y en consecuencia, entre literatura y vida, el poeta prefiere sin duda la vida. A vivirla se ha dedicado con decisión y claridad, a pesar de "la necesidad de escribir que soporto pacientemente como una de tantas calamidades de mi vida"("Verbo clandestino", ER 24). Testimonios borrosos de ello son sus escritos, surgidos al contacto con la realidad ("contando cosas, sucedidos") en sus tres niveles: el yo, la humanidad y la tierra que la sustenta ("el alma, los hombres, países"). Pero los escritos son palabras, un "espejo de niebla" en que la realidad profunda se desdibuja reflejada en sólo palabras (sonidos concretos, casi *flatus vocis*). La obra es sólo como una "vidriera" que oculta la "palabra directa", la honda verdad que se queda en el fondo "adherida a sus adyacentes" (a las cosas vivas). Así, entre lo "borroso", la "niebla" y la "vidriera", el producto resultante puede parecer a veces sólo *silencio*. En otro poema (QTE 81) plasma Otero en imagen este doloroso y dolorido juego de alusión y elusión de la realidad:

> Voy al fondo.
> Voy al fondo dejando bien cuidada
> la ropa. Soy formal.

Pero con qué facilidad la escondo,
musa vestida y desnudada,
prendiendo y desatándote la cinta
de tu delantal, mi vida.

Fondo y ropa, vestir y desnudar, prender y desatar, escribir y callar, palabra y silencio, son los dos polos entre los que
salta la chispa poética de Otero. Pero ¿qué alcance tiene ese
silencio? ¿Es el resumen de la labor del poeta? ¿Es el silencio
externo que la acoge? ¿Es la mejor actitud que puede adop-
tarse ante circunstancias adversas? O bien, ¿todas las "palabras concretas" del poeta no son más que un recurso sub-
consciente para ocultarse, la ropa para vestir el fondo, la
vidriera que de la realidad íntima —la palabra directa— sólo permite que se trasluzca el silencio, el silencio impuesto a
las vivencias auténticas?

Sería interesante entresacar y poner en contacto los pasajes de Otero en que aparece *silencio* para decidir la connota-
ción común presente en todos los contextos. Me parece que
se encontraría esa bipolaridad paradójica del "escribo y callo".
A la palabra libre del poeta la asfixia el silencio ambiente (naturalmente, de España), y a la vez el silencio del poeta asume
su interna protesta de libertad (ante la situación de España,
claro es). Recuérdense, por ejemplo, algunos versos de *Que
trata de España*:

¿Hablar en castellano? Se prohibe.
Buscar españa en el desierto
de diecinueve cegadores años.
Silencio.
Y más *silencio*. Y voluntad de vida
a contra dictadura y contra tiempo. (QTE 29) [1]

Patria
perdida,

recobrada
a golpes de *silencio*,
....
todo
perdido
en la lucha,
día a día,
recobrado
a golpes de palabra.

(QTE 33, ER 147)

Voz del mar, voz del libro.
Así se termina
una mano que empieza en uno mismo,
un *silencio* que el mar impone y dicta.

(QTE 58)

Si en *A veces* se refleja poéticamente el proceso de la creación, otro poema anterior de Otero manifiesta con claridad
los contenidos intencionales de la labor que realiza: (QTE 39-
40, ER 148-9).

CARTILLA (*poética*)

La poesía tiene sus derechos.
Lo sé.
Soy el primero en sudar tinta
delante del papel.

---

[1] En la edición de ER 149 (1969), estos versos se leen así: "¿Hablar
en castellano? *Parler clair*. / Buscar españa en el desierto / *de un oasis de sílabas*. / Silencio. / Y más silencio. Y voluntad de vida / a contra *viento* y
contra tiempo". ¿Corrección o precaución? ¿Variante o censura? En la edición de 1981 (p. 143) reaparece el texto original.

La poesía crea las palabras.
Lo sé.
Esto es verdad y sigue siéndolo
diciéndola al revés.

La poesía exige ser sinceros.
Lo sé.
Le pido a Dios que me perdone
y a todo dios, excúsenme.

La poesía atañe a lo esencial
del ser.
No lo repitan tantas veces,
repito que lo sé.

Ahora viene el pero.

La poesía tiene sus deberes.
Igual que un colegial.
Entre yo y ella hay un contrato
social.

Ah las palabras más maravillosas,
"rosa", "poema", "mar",
son *m* pura y otras letras:
o, a...

Si hay un alma sincera, que se guarde
(en el almario) su cantar.
¿Cantos de vida y esperanza,
serán?

Pero yo no he venido a ver el cielo,
te advierto. Lo esencial
es la existencia; la conciencia
de estar
en esta clase o en la otra.

Es un deber elemental.

El poema presenta dos partes antitéticas. Con gracia y cansancio (sugerido por las hábiles reiteraciones de "lo sé" coronadas con el "repito que lo sé"), las cuatro primeras estrofas exponen las cualidades de la poesía (sus derechos: las reglas, su base lingüística, la autenticidad de lo que dice el poeta, su fundamento en la esencia del ser humano). A ellas se oponen, tras el gozne del verso aislado "Ahora viene el pero", otras cuatro estrofas en que el poeta retruca con los deberes ante los que ha de doblegarse la poesía. El poeta acata los derechos de ésta y obedece a sus requisitos ("soy el primero en sudar tinta delante del papel"), pero a la vez le exige cumplir con sus deberes (como a un colegial) porque entre poeta y poesía "hay un contrato social", es decir, si el poeta ha sometido su libertad a la de la comunidad de que forma parte y se ha comprometido a seguir la voluntad general, la poesía tiene que servir a los intereses generales de esa misma comunidad y ser expresión de ellos. Por esto, aunque la poesía consista en creación de palabras (o, lo que es igual, las palabras, la lengua, creen la poesía), hace falta que éstas encierren en sus adentros otra cosa; si no, se convierten en pura música fónica, sin sustancia de contenido; "las palabras más maravillosas", si no se aplican a referencias concretas y humanas, se reducen a meros rasgos fónicos, "son *m* pura y otras letras: *o, a...*" Para evitarlo, el poeta ha de ser sincero, cantando lo que siente; pero el *silencio* le impide al poeta practicar claramente la sinceridad, y por ello pide perdón y excusas: hay que guardar el cantar en el almario y transformarlo en borroso canto de vida (para sobrevivir) y de esperanza (en el futuro). Y aunque "la poesía atañe a lo esencial del ser", lo esencial no son las nubes, las sombras, los sueños, el *cielo*, sino el *suelo*: la existencia, el estar arraigado en la tragedia humana.

La primera parte está desarrollada como un diálogo entre un presunto cuerpo de defensores de la poesía pura ("Poetas tentempié, gente ridícula" A 124, ER 90) y el propio autor.

Aquéllos asestan sus dogmáticos asertos: "la poesía tiene sus derechos", "la poesía crea las palabras", "la poesía exige ser sinceros", "la poesía atañe a lo esencial del ser". Y el poeta, con impaciente aquiesciencia, abunda en lo mismo para luego, tras el "pero", reconvenir a sus interlocutores con una contundente tirada y oponerles punto por punto sus objeciones: frente a derechos, deberes; frente a palabras, *m* pura y otras letras; frente al inútil escribir con sinceridad, guardarse el cantar con vida y esperanza; frente a lo esencial, lo existencial.

Por otra parte, el poema es muestra patente de los procedimientos expresivos que pretende emplear el poeta desde que "un buen día bajó a la calle" y "rompió todos sus versos" (PPP 9): "Ando buscando un verso que supiese / parar a un hombre en medio de la calle" (A 123, ER 89). Son los procedimientos de desnudez lingüística que describe en otros pasajes: "Pido / la paz y la palabra, cerceno / imágenes, retórica / de árbol frondoso o seco" (QTE 29, ER 143), "Apreté la voz / como un cincho, alrededor / del verso" (EC 20), intentando expresar con sencillez la elemental verdad de la gente, la vida siempre igual y distinta, cristalina y fluida como el agua de un manantial:

> Figúrate una fuente
> en un valle verde, balbuceando
> siempre lo mismo, siempre
> diferente, frases
> fugitivas, corrientes,
> en un espejo que anda,
> una verdad que parece
> mentira que no la escuchen
> los que de verdad entienden
> de fuentes de poesía
> y de palabras corrientes...
>
> (QTE 55, ER 155)

En efecto, en *Cartilla* todo son palabras corrientes y sus referencias resultan nítidas, de acuerdo con los conocimientos primarios que quiere comunicar (no se olvide el título del poema: *Cartilla*) y con el desprecio hacia los materiales de tipo puramente ornamental ("las palabras más maravillosas"). Pero si, como escribe Otero (ER 210), "El verso es distinto, ni realidad encogida ni prosa en exceso descalabrada; de un solo verso nacen multitud de paréntesis, soldados y otras cuestiones", no debe extrañar la complicada convivencia de elementos internos en el poema. En primer lugar, se puede observar la constante superposición de referencias propias y figuradas. "Sudar tinta", por ejemplo, es hipérbole corriente y moliente del esfuerzo que exige cualquier tarea. Empleada en el contexto del poema (el esfuerzo del poeta al realizar con palabras lo que quiere decir "delante del papel"), resulta remozada en sus propios valores referenciales, como si la labor física de escribir fuese sólo precisamente "sudar tinta" sobre el papel. O bien, "a todo dios" es repetida expresión de una referencia personal indefinida (como "todo el mundo", "todos", "cualquiera"), pero en contraste con el verso anterior ("le pido a Dios que me perdone") cobra un valor significativo muy distinto. En todos estos casos hay un obvio componente irónico o humorístico, todavía más perceptible en la segunda estrofa de la segunda parte: las palabras más maravillosas "son *m* pura", donde la habitual función eufemística del nombre de la letra *m* (sobre todo con el contraste del adjetivo "pura") se subsana con el añadido "y otras letras", aunque no desaparece del todo la elusión alusiva a "mierda". Análoga complicación se oculta en la misma composición estrófica y métrica, que a primera vista parece espontánea y natural. Junto con el paralelismo contrapuesto de los contenidos entre las estrofas correspondientes de cada serie, ya indicado, se nota una estructura métrica paralela y a la vez opuesta. En la primera serie, riman como asonantes agudos en *é* los versos pares (*sé: papel: sé: revés: sé: excusenmé: ser: sé*). En la segunda, la asonancia de los versos pares, también agudos, es en *á* (*colegial: social: mar: a: cantar: serán: esencial: estar: elemental*). Todos los primeros versos de cada estrofa son endecasílabos, y los terceros eneasílabos. Los versos segundos y cuartos, precisamente los rimados, contrastan en cada serie: en las estrofas 1, 2 y 4 de la primera tienen, respectivamente, tres y siete sílabas, mientras que en la segunda serie, los segundos versos son heptasílabos y los cuartos trisílabos. De este esquema paralelo y contrastante, se separan levemente las estrofas terceras, porque en éstas los versos largos son eneasílabos (como asimismo los dos versos finales de la segunda serie, frente al heptasílabo central que cierra la primera y la separa de la segunda):

Iª serie   11-3-9-7 / 11-3-9-7 / 11-3-9-9/11-3-9-7 / 7.

IIª serie   11-7-9-3 / 11-7-9-3 / 11-9-9-3 / 11-7-9-3-9 / 9.

La coda de la estrofa final se justifica sin más por la necesidad de completar el contenido y redondear rítmicamente la expresión. Pero ¿por qué las dos terceras estrofas se apartan de la alternancia de las demás entre trisílabos y heptasílabos, y sustituyen estos últimos por eneasílabos? Este rasgo métrico diferencial concurre con el carácter diverso que esas estrofas ofrecen frente a las otras en el contenido. Es la única ocasión en que el poeta anuncia en la primera serie la actitud expuesta en la segunda; mientras en las otras estrofas de la primera serie el poeta muestra su asentimiento a cada uno de los dogmas poéticos indicados, en la tercera se excusa por no haberlo aceptado, y la correspondiente estrofa de la serie segunda de reconvención no es un "pero", sino un "porque", como se puede ver en el esquema de los contenidos:

	Iª serie		IIª serie
Estrofa 1.	*Derechos*		
	(de acuerdo)	pero	*Deberes*
Estrofa 2.	Crea *palabras*		
	(de acuerdo)	pero	*m* pura
Estrofa 3.	Sinceridad		
	(excusas)	*porque*	guardar el cantar
Estrofa 4.	Lo esencial del ser		la existencia
	(de acuerdo)	pero	la conciencia de estar

Una vez más, las terceras estrofas ofrecen una variación del motivo "Escribo y callo".

Esta actitud elusiva es lógico que se aplique consecuentemente al tocar "materias reservadas". Se eliminan con prudencia las referencias directas a la anécdota y quedan comprimidas en simples alusiones con nombres propios, entre cuyas rendijas se traslucen. Estos, como inequívocos identificadores de realidades, apuntan hacia lo objetivo y crean ante el lector la situación pertinente que se quiere comunicar. Como ejemplo extremo, recuérdese uno de los poemas de *Que trata de España* (179, ER 194):

> Torno
> los ojos a mi patria,
> Meseta de Castilla
> la Vieja, hermosa Málaga,
> Córdoba doblando la
> cintura, mi Vizcaya
> de robles y nogales,
> pinos y añosas hayas,
> clara Cataluña, puro

León, lenta Granada,
Segovia de oro viejo,
Jaén ajazminada,
Moncayo azul, altivos
Gredos y Guadarrama,
blanca Vinaroz,
Extremadura grávida,
patria de pueblo y pan
partido injustamente.

A primera vista parece que la intención del poeta se diluye en una enumeración toponímica adornada con datos afectivos y arbitrarios, mera *amplificatio* sin mayor trascendencia, como letanía insistente de rasgos que la "patria" contiene. Sólo al final, en los dos últimos versos, con gnómica sobriedad e hiriente crudeza, se descubre el blanco a que se dirige el poema: la injusticia que domina al "pueblo" y mal-reparte el "pan". Podía, pues, haberse reducido a un decir apotegmático: "Torno / los ojos a mi patria, / patria de pueblo y pan / partido injustamente", significando sin más: "Recuerdo a mi patria, que padece injusticia". No es esta fría consignación prosística lo que quiere hacernos sentir el poeta, sino su dolorosa, reiterada y detallada contemplación de los hechos. Para ello busca las piezas lingüísticas más apropiadas. No dice "recuerdo", ni "vuelvo los ojos", sino "torno", que, si bien coincide en su referencia habitual, nos aporta una serie de connotaciones evidentes, porque en "tornar" resuenan los matices significativos del "torno, tornear, en torno", que añaden al valor esencial de "regresar al lugar de donde se partió" los matices de "dar repetidas vueltas a lo mismo". A insistir en ello contribuye el desarrollo minucioso de la ristra de topónimos que se siguen. La patria, así, se expande y agranda y se materializa en entidad íntima en torno a la cual giran y giran los ojos del recuerdo encontrando relumbres valiosos (de ahí los adjetivos: *hermosa, clara, puro, altivos, blanco, grávida*...), de manera que, cuando se reasume "patria" al final, sacude con mayor eficacia el adverbio definitivo *injustamente*. Éste, además, rompe con el esquema de la asonancia, intensificando así el contraste de los contenidos: de igual modo que *mente* no rima con todos los otros versos pares en *á-a*, esa patria tan valiosa que recuerda el poeta no merece tampoco la injusticia. Un análisis más detenido nos pondría también de manifiesto la íntima trabazón unitaria de la enumerativa *amplificatio*, puesto que múltiples particularidades de la expresión fónica van fundiendo mediante aliteraciones o asonancias unos y otros términos: por ejemplo, Mes*eta*, y Vie-j*a*, herm*osa* y Córd*oba*, Córd*oba* y *dob*lando, *cla*ra y *Cata*l*uña*, *L*eón y *l*enta, Sego*via* y *vie*jo, *Ja*én y a*jaz*minada, az*ul* y *al*tivos... Y por último, en la conclusión, el acumular tantas labiales multiplica la fuerza del clamor del poeta: "*p*atria de *p*ueblo y *p*an *p*artido injustamente".

Estos procedimientos utilizados al hacer la biografía de España no dejan de emplearse, aunque menos concentrados, cuando Otero se refiere a su propia historia personal. Esta constituye el otro gran tema de su poesía, porque no hay gran diferencia entre ambos, según él mismo ha escrito (ER 213): "un hombre recorre *su historia y la de su patria y las halló similares*, difíciles de explicar y acaso tan sencilla la suya como el sol, que sale para todos". Por ello no ha de sorprender la presencia constante de huellas de su vida privada, incluso en los poemas más "objetivados". Sin ir más lejos, en el poema que acabamos de comentar, obsérvese cómo la referencia a Vizcaya resulta más personal y amplia ("*mi* Vizcaya / de robles y nogales, / pinos y añosas hayas"). De la biografía de Otero (manifiesta particularmente en ciertas composiciones en verso y prosa) [2], el fragmento que emerge con mayor frecuencia e intensidad, como era de esperar, es el de sus años de formación, fundamentalmente bilbaina. Podemos, con palabras del poeta, llamar a este reiterado motivo "Cuánto Bilbao en mi memoria" (QTE 20, ER 139). Y al decir, nosotros, "Bilbao", no delimitamos geográficamente la referencia, sino más bien cronológicamente: la infancia, la adolescencia, la juventud. En ninguna etapa de su poesía está ausente ese contenido, es un sustrato permanente que aflora hasta en las últimas producciones que conocemos. Veamos el poema titulado *Bilbao* (ER 232):

Yo, cuando era joven,
te ataqué violentamente,
te demacré el rostro,
porque en verdad no eras digna de mi palabra,
5   sino para insultarte,
ciudad donde nací, turbio regazo
de mi niñez, húmeda de lluvia
y ahumada de curas,
esta noche
10 no puedo dormir, y pienso en tus tejados,
me asalta el tiempo huido entre tus calles,
y te llamo desoladamente desde Madrid,
porque sólo tú sostienes mi mirada,
das sentido a mis pasos
15 sobre la tierra:
recuerdo que en París aún me ahogaba tu cielo
de ceniza
luego alcancé Moscú como un gagarin de la guerra fría,
y el resplandor de tus fábricas
20 iluminó súbitamente las murallas del Kremlin,
y cuando bajé a Shangai sus muelles se llenaban de
        barcos del Nervión,
y volé a La Habana y recorrí la Isla
ladeando un poco la frente,
porque tenía necesidad de recordarte y no perderme

---

2 El mencionado "Biotz-begietan" y algunas de las *Historias fingidas y verdaderas*.

25   en medio de la Revolución,
     ciudad de monte y piedra, con la mejilla manchada por
         la más burda hipocresía,
     ciudad donde, muy lejos, muy lejano,
     se escucha el día de la venganza alzándose con una rosa
         blanca junto al cuerpo de Martí.

Nos encontramos ante un complicado tejido de recuerdos, y aun de recuerdos de recuerdos, en que el poeta revive
sus sentimientos de nostalgia, soledad e ilusión. En una noche de insomnio, desde Madrid, evoca Otero su Bilbao nati-
va y comprende —y siente— que es su ciudad y lo que ella
representa, a pesar de sus defectos, lo único que da sentido a
sus pasos sobre la tierra —a toda su vida—. Y viene ahí la
enumeración toponímica (aunque más breve) como expan-
sión de *la tierra* y como alusión a los *pasos* principales que ha
dado el poeta sobre ella: París, Moscú, Shangai, La Habana,
se reducen a vivencias de Bilbao. Porque en esta ciudad, cuyas tachas criticó duramente "cuando era joven" y en cuya
mejilla persiste la mancha de "la más burda hipocresía", es
donde, sin embargo, se arraigan sus recuerdos y se instalan
sus esperanzas. El poema se inicia (versos 1-8) con una confesión de la actitud pasada del poeta, dirigida prosopopéyi-
camente a la ciudad (con todos los verbos en pretérito: *era,
ataqué, demacré, nací*). La prosopopeya se extiende a todo el
poema, aunque se entreveran rasgos objetivos con los atributos humanos (así *tejados, calles, cielo, fábricas, barcos, monte* y
piedra frente a *rostro, regazo* o *mejilla*). A continuación (versos
9-15), ya en presente (*puedo, pienso, asalta, llamo, sostienes, das*),
el poeta expone su situación actual opuesta a la anterior y la
justifica con el desarrollo de su recuerdo (versos 16-25) que
naturalmente se expresa con formas verbales del pasado (*ahogaba, alcancé, iluminó, bajé, llenaban, volé, recorrí, tenía*). Termina con otro apóstrofe (paralelo al de los versos 6-8 *ciudad donde nací*), pero ya en presente (*ciudad donde se escucha*), en el cual

(versos 26-28) se funden los recuerdos y las esperanzas. En esquema tendríamos esto: (I) "cuando era joven te ataqué, ciudad donde nací", (II) "esta noche, no obstante, te recuerdo, porque me justificas", (III: evocación), (IV) "ciudad hipócrita, pero donde está latente la esperanza".

En esta emotiva exposición de las relaciones del "yo" (el poeta) y el "tú" (la ciudad) predomina el sentimiento del "tiempo huido" en espera del día que amanezca "con una rosa blanca". Para la evocación no sólo se utilizan recuerdos de hechos sucedidos, sino un denso aludir a los productos de los pasos del poeta: sus propios versos anteriores. Todo el poema está lleno de alusiones a otras composiciones suyas, a veces tomando textualmente ciertos motivos. En los cinco primeros versos hay una referencia al contenido del poema *Muy lejos* [3] algunos de cuyos motivos resuenan a lo largo del que comentamos. Confróntense los versos 4-6 de *Bilbao* con *Nada me importas tú, ciudad donde naciera*, o el *ahumada de curas* (verso 8) con las referencias de *Muy lejos* a *cuánto mendigo en faldas de eternidad*, *Ciudad llena de iglesias* (v. 5-6), *Devocionarios... Y novenitas de la Inmaculada* (v. 23-25), o *el resplandor de tus fábricas* (v. 19) con *Laboriosa ciudad, salmo de fábricas* (v. 13) y *oh altos hornos infiernos hondos en la niebla* (v. 15-16), o *con la mejilla manchada por la más burda hipocresía* (v. 26) con *Bendecida ciudad llena de manchas, plagada de adulterios e indulgencias* (v. 9-10) y, sobre todo, el final de ambos poemas, de estructura idéntica pero con cambios sustanciales de intención, de sentimiento y —claro— de expresión:

Ciudad donde, muy lejos, muy lejano,
se escucha el mar, la mar de Dios, inmensa. (Muy lejos, 31-32)

---

[3] De EC 64, pero ya incluido manuscrito en PPP 25-27, y que se publicó íntegro en nota en la primera edición de *La poesía de Blas de Otero*, Oviedo 1955, p. 34.

> *Ciudad donde muy lejos, muy lejano,*
> *se escucha* el día de la venganza alzándose con una rosa blanca
> junto al cuerpo de Martí. (*Bilbao*, 27-28)

Las dos actitudes sentimentales quedan patentes al observar la oposición entre *Nada me importas tú* con *te llamo desoladamente* del último poema. Pero todavía hay más alusiones a otros versos de Otero. En *turbio regazo de mi niñez, húmeda de lluvia y ahumada de curas* resuenan concentrados los poemas *Lejos* y *1923*, compuestos con unos mismos materiales de contenido y de expresión, que manifiestan análoga perduración nostálgica de los *barrizales del alma niña y tierna y destrozada*, y de aquella *pálida frente de niño absorto entre los soportales* (QTE 20, 23). En el fondo, es este niño absorto, de reprimida alegría, en su villa *despiadada y beata*, en su villa *de olvido memorable*, el que la llama *desoladamente desde Madrid*, el que en París sigue respirando el *cielo de ceniza* nativo, el que ve en las murallas del Kremlin el resplandor de las fábricas y en los muelles de Shangai los *barcos del Nervión*, el que necesitaba en La Habana recordar a Bilbao para no perderse *en medio de la Revolución*. Es ese niño el que, en momentos no gratos de su vida, cruza luminoso y misterioso por los últimos poemas de Otero:

> a lo lejos diviso una playa violeta
> un niño la pequeña pala un lazo en la brisa [4]

---

[4] Del poema inédito "En las sombras de un portal".

[5] Cf. "Biotz-begietan", ya citado: *dame la mano, guárdame / en tu armario de luna y de manteles*. Una reminiscencia se encuentra en otro poema de *La galerna*, titulado "La lúa del espejo".

[6] Cf. los poemas "E.L.I.M." "C.L.I.M." de *Que trata de España*, pp. 48 y 54.

a lo lejos ya viene la galerna
niño mío
atravesando la pasarela de la muerte en traje marinero
....
se hundían mis manos en el cieno
las olas turbias tal un espejo entre humo
dios mío
el niño en traje blanco intentaba llegar hasta mí mismo.
(ER 262-263)

Y no es otro que el que la madre "había guardado en su armario de luna y de manteles" [5].

Concluyendo. A pesar de su inmersión "en la inmensa mayoría" (o acaso por su identificación con ella)[6], las vivencias infantiles y de juventud (el tema que llamamos "Cuánto Bilbao en la memoria") sostienen la labor poética de Otero como sustrato más auténtico del poeta y como raíz profunda de su comunidad con los demás hombres.

Publicado en *Papeles de Son Armadans*, Núms. CCLIV- V mayo-junio 1977, pp. 121-146.

Un poema «anterior»:
«Poeta»

Nadie puede dudar del papel central que la sociedad desempeña en la poesía de Blas de Otero. Baste recordar que gran parte de su obra se incluye en lo que se ha llamado "poesía social". Hoy, cuando los motivos extraliterarios que justificaban esa actitud han desaparecido, es muy frecuente que los productos poéticos orientados por la preocupación social —que a menudo era política— se consideren menos valiosos que los originados en las personales circunstancias internas del poeta. Si es cierto que bastantes escritores de aquellos años manejaron el motivo social porque estaba de moda o como subterfugio para hacer crítica o censura subrepticias, en el caso de Blas de Otero no podemos separar, según hacen algunos, sus poemas de sentimiento trágico personal de los que surgen de un fondo cívico de rechazo a cierta situación histórica. Los unos y los otros sólo se explican o se comprenden desde la profunda unidad de su inspiración o capacidad poética. Ya señalé en 1955 el camino concreto que siguió la escritura de Blas de Otero. Comenzó con la postura indicada por Rubén:

La torre de marfil tentó mi anhelo;
quise encerrarme dentro de mí mismo,
y tuve hambre de espacio y sed de cielo
desde las sombras de mi propio abismo.

y terminó con la que Neruda resume de este modo:

... y así andaremos juntos,
codo a codo,
todos los hombres,
mi canto los reúne:
el canto del hombre invisible
que canta con todos los hombres.

En este momento, decía yo, "el poeta no *se* canta, está cantando por todos los demás hombres. [...] Del yo se va cayendo en el nosotros [...] tal poesía que no canta un *yo* sino pretende cantar un *nosotros*, que no busca resonancias en otro *yo* sino en otro *nosotros*, ha de tocar los temas que *nos* interesan en cuanto humanidad y no que *me* interesan en cuanto persona única". Mas apuntaba ya que "este tipo de poesía tiene un límite: el fenómeno poético es único, lo social es mostrenco. Blas de Otero soluciona el conflicto, evitando caer en lo que se llama literatura comprometida". Yo añadía entonces la sutil distinción entre poesía comprometida y poesía empeñada. Hoy, a tanta distancia, creo que más importante que distinguir si el poeta actúa por propio impulso o por empuje externo, resulta el hecho de que el poeta sea auténtico o simple versificador hábil.

Las etapas sucesivas del derrotero de nuestro poeta son: 1) la creencia heredada, en los "poemas anteriores" y en *Cántico Espiritual*; 2) la furia agónica de *Ancia* con la nueva fe; 3) la solidaridad con la inmensa mayoría, ya "al cielo raso de sombras esas y de sueños esos"; 4) la serenidad final de "el árbol de mi vida a contra viento", y cierta resignación melancólica "hacia la luz dorada del ocaso". Pese a las diferencias de contenido y de forma expresiva entre ellas, no dejan de estar todas atravesadas por un hilo conductor muy recio y unitario. Traté de demostrarlo en otra ocasión, poco después de la muerte del poeta en 1979. Y ese hilo no es sino la propia personalidad de Blas de Otero. Escribí entonces: "La poesía de Otero, a pesar de las connotaciones extrapoéticas variables a lo largo de su vida, se muestra perfectamente unitaria desde sus comienzos... Es un mensaje de paz y de tenaz rechazo de la injusticia, un mensaje en que la fusión del hombre particular y los hombres todos se realiza con violenta sinceridad y con intensa emoción. Constantemente se consigue la equiparación de la biografía del poeta con la historia de su patria. Y así, aun en los casos de mayor intención social, late en el fondo la intransferible personalidad del poeta con sus recuerdos melancólicos «entre enfermedades y catástrofes»".

Como ejemplo de fusión de lo personal y lo social aducía el conocido "Cantar de amigo", aquel que empieza "¿Dónde está Blas de Otero?" y que, desarrollado paralelísticamente, al ritmo de la infantil cancioncilla "¿Dónde están las llaves?", termina opacamente: "Está muerto, con los ojos abiertos". Poco importan en él las concretas referencias históricas (ya en el pasado), porque persiste la grave emoción que suscitan sus versos.

Hay, pues, mucha sociedad en la poesía de Blas de Otero. Pero esas alusiones pragmáticas a una situación determinada, son, dentro del poema, y claro es, en la intención del poeta, puros elementos materiales en que se apoya la tensión artística para lograr el producto poético. El hombre Blas de Otero está en la sociedad y preocupado por ella; el poeta amasa en su hintero esos problemas; en el poema, hombre y sociedad quedan fundidos. Y de este modo, aunque aquella materia perecedera ya carezca de pertinencia, el sentido poético persiste y puede actualizarse, porque en definitiva no se disipa la forma de expresión y de contenido: el *secreto*, las *aguas de las entrañas redivivas* del poeta, anunciados por él desde el principio.

La función que ejerce el poeta en la sociedad, tan discutible, fue asunto que preocupó a Blas de Otero. A pesar de sus esfuerzos animosos para demostrar que el poeta y la poesía podían mover al mundo (como repetía Gabriel Celaya) y hasta transformar la realidad, no me parece que Blas de Otero estuviese convencido de tales capacidades proselitistas. En sus últimos poemas se nota claramente la resignación de sus intentos: puro querer creer nostálgico y aquietado.

Estas dudas externas y tal seguridad íntima se desarrollan ya en un poema bastante extenso que procede de los "poemas anteriores" a *Ángel fieramente humano*, y que no ha vuelto a ser reeditado. Se titula *Poeta*, precisamente, y se publicó como composición inicial de un conjunto de "Poemas para el hombre" en el número uno de la revista *Egan* (enero-marzo de 1948), suplemento literario del "Boletín de la Real Sociedad Vascongada de Amigos del País" de San Sebastián. Le seguían diez sonetos, de los cuales sólo ocho (y a veces con modificaciones) han sido incluidos en libro (siete en *Ángel fieramente humano* y uno en *Redoble de conciencia*). Los otros dos tampoco han vuelto a publicarse, ni siquiera en *Todos mis sonetos*. Copiemos ese poema antes de comentarlo.

POETA

Pero no me miréis. Miradme al menos,
miradme, sí, y ved que soy un ciego,
un divino, celeste ciego, herido
por dentro. Sí, por dentro. Lo que vimos,
lo que nunca veremos, lo que ven
los muertos, si es que ven, eso, la fe
puede ver, verde ver, a simple vista.
Otra fe, otra luz, otra es la mía.
Lo que no vimos, lo que nunca vemos

que nadie viese, ni los muertos: eso,
ver de ver, veo yo:

> pero por dentro.

No me toquéis. Tocadme un poco, al menos,
tocadme y sentiréis que un mar abierto
está cerrado, aprisionado, hundido
dentro, sumido, casi consumido,
pero furioso, como yo, de pie.
Tocad, si —aquí— no lo podéis creer.
Aquí: cantil de Dios y costa mía
—mi costado— arde el mar, cruje, crepita,
como un grito de Dios bajo mi pecho.
Podéis tocarlo con los dedos: eso,
fuera de mí, hago yo:

> pero por dentro.

No me escuchéis. Pero escuchad, al menos,
el viento largo y sin lugar, el viento.
Escuchad, atended ese gemido
de las sombras, el viento sin destino.
Oíd, oíd, mortales. ¡Cómo se
desgarra, no se para, tiene sed
de lejanías! Sendas infinitas
seguí, busqué. Sed tengo. Esta es la mía,
dije, y tampoco era. Estaban lejos
de mí, como los muertos: yo sin mí: eso
se acabó. Yo soy yo:

> pero por dentro.

No me gustáis. Pero gustadle, al menos,
a quien os hizo, a Dios, para que luego
pueda —qué gusto— comprobar que os hizo
como quería yo, como Dios quiso.
Sed lo que sois, sed sólo vuestro ser,
sinceros, vuestros. Sedle siempre fiel-
es. Cavad, excavad en vuestro centro,

Dios no está muerto, no está muerto: eso
se puede ver, vi yo:
                    pero por dentro.

¿Pero no oléis, no oléis un algo, al menos,
de esta rosa del mundo que, de vuelo,
de paso por el aire y tan sin ruido,
huele a Dios? Yo sí huelo. Oh vuelo ungido.
Oh rosa conmovida. Está al caer.
Cuando caigas, mi amor, te cogeré.
Te pondré en un jarrón de loza fina,
lozana, linda rosa. Gira, gira,
que Dios da vueltas y yo lo estoy viendo.
Y tocando y oyendo a gusto: ¡ay!, eso
—POETA— creo yo:
                    Pero está dentro.

Cuando escogió los poemas que formaron el volumen de
Ángel fieramente humano, el titulado "Poeta" debió de parecer-
le a Blas demasiado alambicado, algo confuso o difuso, y sobre todo excesivamente dependiente todavía de su fe antigua.
Y así, lo arrumbó en el desván del olvido. No obstante, es un
poema muy característico en varios aspectos: su complicada
gestación, la fluctuante actitud interna del poeta, la intrinca-
da interrelación de sus elementos de expresión lingüística y
métrica, y la no menos compleja elaboración mental y emotiva de los contenidos.

Notemos en primer lugar que a este poema (y a los que
le acompañan en la edición de *Egan*) preceden dos lemas significativos. Uno procede de Juan Ramón Jiménez: "¡Oh pasión de mi vida, poesía *humana*, mía para siempre!" Y en él
se subraya el adjetivo *humana*. El otro es una frase de San
Juan de la Cruz: "... porque los lleva ya Dios por otro camino...". Parece que el poeta sugiere sus propósitos: ahondar en
lo humano de un lado, y de otro, poner de relieve la singula-

ridad de su intento; esto es, reflejar las dudas y vacilaciones que desde las primitivas creencias tradicionales lo han llevado a profesar la nueva fe social y estrictamente humana adoptada poco más tarde en la misma dedicatoria de *Ángel fieramente humano* "a la inmensa mayoría".

Para aclarar en cierto modo la sustancia del contenido del poema, mas por supuesto eliminando las virtudes de su forma poética, podríamos interpretarlo con este resumen en prosa:

> "No me miréis sin más; debéis mirarme y ver que soy un ciego para todo lo que la fe a simple vista puede ver; pero por dentro tengo otra que me permite ver lo esencial.
>
> No me toquéis sin más; si me tocáis de verdad sentiréis dentro de mí un mar abierto aprisionado que cruje como un grito de Dios, y eso es lo que toco yo.
>
> No me escuchéis sin más; escuchad el viento que gime sin destino, la angustia y la soledad en las que yo soy sólo yo.
>
> Por eso no me gustáis; debéis gustar primero a quien os hizo como quiso, y ser como sois, y encontrar excavando en vuestro interior lo que se puede ver por dentro, lo que vi yo.
>
> ¿No oléis el perfume divino de esta rosa que es la Tierra? Yo sí; amorosamente la recojo girando con Dios: lo veo, lo toco, lo oigo a gusto. ¡Ay! Desgraciadamente, por ser poeta, quiero creerlo. Pero sólo está por dentro".

El ánimo del poeta, sometido a agitación incesante, parece exteriorizarse con una expresión tumultuosa, contradictoria, insistente. De modo paradójico se suceden contrastes: el poeta va por caminos distintos que los demás mortales y éstos no podrán comprenderlo; pero se apela repetidamente a que lo comprendan. Desde su mismo aislamiento invita a que lo acompañen cambiando la fe *a simple vista* por su *otra fe*, su *otra luz*. No está, sin embargo, de ella muy seguro el poeta, pues a lo largo del poema reitera el carácter íntimo y secreto de esa fe (sólo patente *por dentro*). Y al final del poema apare-

ce un lamento de dolorosa ironía, de grave humor: "¡ay!, eso
—poeta— creo yo", exclamación insegura en que no hay que
descartar el sentido de la corriente expresión de incredulidad
"¡que te crees tú eso!" aplicada por el poeta a sí mismo, a la
primera persona. Esta ambigüedad tan manifiesta recorre todo el poema a través de las contiguas apelaciones negativas y
positivas: "no me miréis / miradme", "no me toquéis / tocadme", etc. Consciente de ser distinto, el poeta, al dirigirse
a los otros mortales, quiere que no lo juzguen superficial-
mente, "por fuera", sino con la trascendencia misteriosa que
hay "por dentro". El mensaje comunicativo del poeta, con el
vaivén de los contrastes, queda lo suficientemente oscuro y
vago para sugerir la perplejidad y la contradicción interna
que lo aquejan.

Antes de entrar en el examen de la estructura del contenido según la delata la expresión, debemos considerar la forma métrica utilizada en este poema por Blas de Otero, lo cual
nos mostrará la minuciosa atención que el poeta ponía en este aspecto más bien externo de la creación y elaboración poéticas. A pesar de sus complejidades, se trata del desarrollo de
la tradicional canción paralelística. Las cinco estrofas trans-
curren conforme al procedimiento de los zéjeles y villancicos.
En cada una de ellas, junto con el decurso paralelístico propio de los viejos cosantes, puede observarse la triple estructura de *mudanza, vuelta* y *estribillo*, si bien la libérrima mani-
pulación de Otero rompe a veces la regularidad y borra los
límites entre las tres partes. Cada estrofa consiste en la esencial mudanza con cuatro pareados endecasílabos de rimas asonantes fijas a lo largo del poema, aunque en la estrofa cuarta
sólo hay tres pareados. Pero además sólo en la estrofa primera hay separación sintáctica entre la mudanza y la vuelta. En
las otras cuatro estrofas, la secuencia sintáctica de la mudanza se prosigue en el primer verso de la vuelta. En los dos versos de ésta se repite la misma asonancia del primer pareado

de cada mudanza (en *é-o*): 1ª) *menos*: *ciego*: *vemos*: *eso*; 2ª) *menos*: *abierto*: *pecho*: *eso*; 3ª) *menos*: *viento*: *lejos*: *eso*; 4ª) *menos*: *luego*: *centro*: *eso*; 5ª) *menos*: *vuelo*: *viendo*: *eso*. Y aún hay otra peculiaridad: el primer verso de cada mudanza acaba en *menos* y el segundo verso de la vuelta siempre termina en *eso*. Y este *eso* final de la vuelta se empalma con el último verso sintácticamente, de modo que podría decirse que el estribillo (el último verso de la estrofa) comienza en realidad al final del verso precedente. Curioso también resulta que este verso final o estribillo tenga una estructura bimembre: la primera parte acaba en *yo* precedido de un verbo (*veo yo*, *hago yo*, *soy yo*, *vi yo*, *creo yo*); la segunda parte es un segmento adversativo constante, *pero por dentro* (sólo variado en la quinta estrofa: *pero está dentro*), en el cual se reitera la asonancia *é-o* de los primeros pareados y de la vuelta, en cuyo segundo verso se inserta casi siempre otra rima asonante interna. Véase en el texto: *muertos-eso*, *dedos-eso*, *muertos-eso*, *muerto-eso*, *oyendo-eso*. Sin contar otros muchos casos de esta asonancia en los demás versos de cada estrofa. ¿Pretende el poeta algo con este run-run insistente? Creo que sí: tanto *é-o* sucesivo y reiterado pone de relieve los contenidos que sugiere la palabra esencial del estribillo: *dentro*, a modo de fondo obsesivo por donde repta la emoción del poeta, su agonía íntima. El recurso de las asonancias internas, de las paronomasias, de las aliteraciones y aun repeticiones inmediatas de sílabas es frecuente en este poema, y de sobra conocido en toda la producción de Otero. Pero evitaremos la monotonía de los ejemplos prolijos. Con estas artimañas fónicas se combina el constante encabalgamiento de unos versos en otros y la fractura de cada verso en varias unidades (apenas diez versos de los 53 del poema constan de una secuencia sintáctica cerrada). Con esta falta de coincidencia del ritmo métrico y el sintáctico, de suerte que parte de un verso es continuación del precedente o introducción del siguiente (o ambas cosas a la vez), y los efectos fónicos mencionados, el decurso poético resulta entrecortado, violento, acezante, como esa furia del mar aludido en la segunda estrofa. La discordancia de los dos ritmos llega a veces a tronzar la secuencia fónica de manera insólita. Pongamos dos ejemplos. En la estrofa tercera, el segmento sintáctico *¡Cómo se desgarra* queda fraccionado, por necesidad de la rima, entre *¡Cómo se* al final del verso (con lo cual recibe acento el reflexivo átono *se*) y *desgarra* al comienzo del siguiente, rompiendo así la unidad sintagmática y de sentido *se desgarra*, pero al mismo tiempo realzando el significado de *desgarrarse*. O bien, en la estrofa cuarta, nos sorprende el corte del sintagma *fieles* entre dos versos (*fiel-es*) sin respetar siquiera la combinatoria silábica normal (es decir: *fie-les*), aunque sí la morfemática (*fiel* + *es* plural) y procurando el contraste de sentido entre las dos unidades fónicas idénticas del verso siguiente (*-es. Cavad, excavad*). A estas filigranas era muy aficionado Blas de Otero, mas no por puro juego frívolo, sino siempre con alguna intención expresiva.

En procura de los mismos efectos de enfatizar el contenido agónico parece ofrecerse la abundancia de acentos secundarios en los endecasílabos (junto con los de rigor en 6ª o en 4ª y 8ª sílaba). El predomino de sílabas tónicas en ciertos versos contribuye a que el endecasílabo se convierta en imagen de los mazazos del destino misterioso del poeta y del hombre. Así en

> puéde vér, vérde vér, a símple vísta
> ótra fé, ótra lúz, ótra és la mía
> huéle a Diós ? Yó sí huélo. Oh vuélo ungído

Basten estos pormenores acerca de la meticulosa elaboración métrica que muestra el poema.

Tratemos de ver ahora hasta cierto punto los pasos mediante los cuales se ha gestado y ha terminado por configurarse el poema. Todo el mundo (es decir, el limitado mundo de los aficionados) recuerda el célebre madrigal de Gutierre de Cetina:

> Ojos claros, serenos,
> si de un dulce mirar sois alabados,
> ¿por qué, si me miráis, miráis airados?
> Si cuanto más piadosos,
> más bellos parecéis a aquel que os mira,
> no me miréis con ira
> por que no parezcáis menos hermosos.
> ¡Ay, tormentos rabiosos!
> Ojos claros, serenos:
> Ya que así me miráis, miradme al menos.

En el sexto y en el décimo verso de este madrigal está, podemos asegurar, el origen del poema de Otero, aprovechando los términos *no me miréis* (con ira) y *miradme al menos*, que le daban pie para el desarrollo de elementos contrapuestos. Conocidos son los préstamos literarios que hace Otero, lo que llaman "intertextualidad". Los versos, implícitos, de Cetina explican el comienzo adversativo del poema de Otero. Acaso la admonición negativa *(no me miréis)* evocó en Otero la recomendación evangélica (Juan, 20, 17) del *Noli me tangere*, que traducido en *No me toquéis* de la segunda estrofa, suscitó un desarrollo paralelo al del "mirar" y el "ver" de la primera. Establecido así el contraste entre apartamiento y ofrenda del poeta sobre los sentidos de la vista y el tacto, parece que el poema se extendió según el orden del examen de conciencia, a los otros tres: el oído, el gusto y el olfato. En consecuencia, cada estrofa comienza con recomendación negativa:

> *Pero no me miréis.*
> *No me toquéis.*
> *No me escuchéis.*

En la cuarta estrofa se esperaría: *No me gustéis*. El poeta desvía el paso en lo gramatical y en lo semántico: cambia el imperativo por el indicativo y, aprovechando el doble sentido de *gustar* renuncia a referirse a "sentir un sabor, probar" y alude a "agradar". Dice así: *No me gustáis*. En la estrofa quinta, la variación es diferente. Se utiliza de nuevo el indicativo, pero en lugar de *No me oléis*, el poeta introduce la entonación interrogativa. Ya no aconseja a sus interlocutores, los *mortales*, sino que se limita a inquirir de ellos algo: *¿No oléis?* Además, nótese que en las cuatro estrofas anteriores, el objeto gramatical de los verbos (por tanto, el destinatario real de las actividades mencionadas) es la primera persona, el poeta que habla (*no me miréis, no me toquéis, no me escuchéis, no me gustáis*). Ahora el objeto es otro (no dice *no me oléis*), es *un algo de esta rosa del mundo, que huele a Dios*.

Junto a esas cinco manifestaciones negativas, el poeta pone en abrupto contraste otras recomendaciones positivas: *Miradme al menos, Tocadme un poco al menos, Pero escuchad al menos, Pero gustadle al menos*. En las dos primeras estrofas sigue siendo el poeta, *me*, el objeto de los verbos; pero en la tercera queda sustituido por *el viento*, con quien se identifica el mismo poeta; y en la cuarta, por Dios (*gustadle a Dios*). En la quinta, por fin, las dos actitudes contrarias y posibles de los interlocutores (esto es, las negativas *no miréis, no toquéis*, etc., y las positivas *mirad, tocad*, etc.) se funden en la incertidumbre de la interrogación (*¿no oléis?*) y lo que contrasta es la positiva actitud del poeta: *Yo sí huelo*. Parece, pues, que las dudas y vacilaciones del poeta, señaladas con el choque inmediato de elementos opuestos, van escalando la cima de la certeza: el poeta huele el aroma de Dios, esa rosa que es la Tierra, que gira con Dios, y dice: *yo lo estoy viendo. Y tocando y oyendo a gusto*. Sin embargo, según ya indicamos, concluye el poema con el lamento irónico *¡ay! eso creo yo* y la que parece definitiva afirmación: *Pero está dentro*.

Aunque las correspondencias no son rigurosas, pues Otero no se priva de irregularidades, las cinco estrofas se despliegan con bastante exacto paralelismo, no sólo en la forma de expresión sino en el contenido. La trama imaginativa se basa en los cinco sentidos. A cada uno se le asignan dos núcleos verbales, uno negativo y otro positivo. En cada caso se presenta un ente: un ciego divino, un mar aprisionado, un viento sin destino, unos interlocutores (los hombres) hechos como Dios quiso, una rosa conmovida (la Tierra). En cada estrofa se constata algo: *eso*, que varía de referencia adecuadamente. En esquema:

> *Vista: No me miréis/Miradme* (ciego divino). (Otra fe) *eso veo yo.*
> *Tacto: No me toquéis/Tocadme* (mar cerrado). (Podéis tocarlo) *eso hago yo.*
> *Oído: No me escuchéis/Escuchad* (viento). (Yo sin mí) *eso se acabó. Soy yo.*
> *Gusto: No me gustáis/Gustadle* (a Dios). (Dios no está muerto) *eso vi yo.*
> *Olfato: ¿No oléis?/Yo sí huelo* (a Dios). (Lo estoy viendo...) (ay) *eso creo yo.*

Los motivos que resuenan en cada una de las estrofas son configuraciones imaginativas de la preocupación del poeta y reaparecen en otros poemas suyos. Lo esencial es la búsqueda infructuosa de Dios: apuntada en los adjetivos *divino* y *celeste* (aplicados a *ciego*) en la estrofa primera; aborrascada en *el grito* entre *mar* y *cantil de Dios* en la segunda; empeñada por *sendas infinitas* en la tercera, cumplida (*Dios no está muerto*) en la cuarta, para resultar que este Dios encontrado es nuevamente nebuloso y conflictivo en la estrofa final. El poeta está confuso y funde sucesivamente elementos opuestos con mayor o menor intimidad. Pasamos así ante las figuras de un ciego que ve con otra luz u otra fe; de un mar abierto y a la vez aprisionado, hundido y de pie; de un viento angustiado que busca; de unos hombres excavando la superficie vana hasta encontrar la sinceridad real; de la rosa del mundo, lozana y a la vez amenazada. Estos temas son los que se agitan en los otros libros de Otero: la agonía entre duda y fe que conmueve *AFH*; el mar de Dios, de la vida y de la muerte que retumba en *RC*; el viento de la duda (recordemos en *AFH*: *el viento vengador, viene y va, estira del corazón, ensancha el desamparo*); la urgente necesidad de ser sinceros (pensamos en *AFH: sois sentinas de hipocresía. ¡Oh, sed, salid al día!*); lo contingente y poco seguro de la Tierra (recuérdese el soneto: *De tierra y mar, de fuego y sombra pura, / esta rosa redonda, reclinada / en el espacio, rosa volteada / por las manos de Dios, ¡cómo procura / sostenernos en pie y en hermosura / de cielo abierto, oh inmortalizada / luz de la muerte hiriendo nuestra nada! / La Tierra: girasol; poma madura.*).

Me parece que en este poema, quizá sin demasiada claridad ni precisión, Blas de Otero pretendió exponer figuradamente el papel que él asignaba al poeta en la sociedad, entre los demás hombres. Siempre intentó llegar hasta todos, "a la inmensa mayoría"; pero no estuvo nunca convencido de conseguirlo. En este poema se articulan el yo que habla y el vosotros que suponemos escucha. El poeta está explícito, a lo largo del poema, en la primera persona que asoma a cada paso, a veces señalada con énfasis y al final con su propio título exacto de *Poeta*. La sociedad, los hombres a que se dirige con afán proselitista, sólo aparecen aludidos por las formas verbales de segunda persona del plural, salvo en la tercera estrofa donde son apostrofados con vocativo que subraya su destino:

Oíd, oíd, *mortales*.

El poeta es un ser especial entre estos mortales, que sólo ven *a simple vista*, con un *verde ver* o mirar ingenuo; el poeta es un ser *ciego*, pero *por dentro* posee *otra luz* para *ver de ver*, ver de verdad. Se siente aparte, pero solidario. Y de ahí las opuestas admoniciones con que apela a los demás y que ya hemos citado (*no miréis / mirad, no toquéis / tocad* etc.). Y se ofrece para mostrar la verdad que en su interior ha conseguido. No obstante, los mortales dudan, como dudó Tomás, el llamado Dídimo (recuérdese lo que dijo según Juan, 20, 24-29: "Nisi... mittam digitum meum in locum clavorum, et mittam manum meam in latus eius, non credam"). Entonces el poeta insta a los mortales a que toquen ese costado suyo bajo el cual arde, cruje, crepita el mar de la fe que quiere comunicar: *Podéis tocarlo con los dedos*. Es lo mismo que ha hecho el poeta previamente para convencerse a sí mismo y desvanecer sus dudas: *eso, fuera de mí, hago yo*. Ahí juega el poeta con los dos significados de *fuera de mí*: uno, el propio, que se opone al adverbio *dentro*, y otro, el figurado que aparece en la expresión "estar fuera de sí", es decir, "estar enajenado o muy turbado". ¿Toca la fe por dentro o sólo cuando está fuera de sí? La indecisión se prosigue en la estrofa tercera, donde pretende que los demás compartan el proceso de su angustia. La objetiva con más fuerza refiriéndose sólo al ente figurado: ese viento desgarrado, incesante, siempre en busca de lejanías, es el propio poeta. Sin transición reaparece la primera persona asumiendo el papel del viento sin sentido: sendas infinitas busqué, sed tengo, todas las salidas están lejos, me quedo sin mí, el apoyo se acabó. *Yo soy yo*. Extrema soledad, pero acaso con la fe. Por eso no le gustan los demás al poeta, esos mortales con su hipocresía y vuelve a apelarlos para que se acerquen a quien los hizo, al creador, tomando ejemplo del poeta, excavando en el centro del propio ser, pues *Dios no está muerto*, según ha visto él. Los mortales no se dan cuenta de ese motor que mueve el mundo, del aroma que difunde en sus giros y que el poeta sí huele. A esta fe los llama. Es una fe que *está al caer*. Expresión de doble sentido: ¿está próxima a llegar o está próxima a desaparecer? La fe, la rosa, la tierra gira con

Dios. En ella se queda el poeta, tan *a gusto*, dice, aunque *eso se cree él*, piensa también.

No está todavía clarificada en este poema la ulterior postura hacia la inmensa mayoría. Blas de Otero considera ya, sin embargo, desde esos versos, que el poeta es un truchimán de la verdad ante los demás hombres. Cree con pasajeros desfallecimientos que el poeta puede actuar sobre la sociedad y que la verdad que aporta se instalará "real-izándola". Lo que todavía no se ha decidido en este poema es la naturaleza de la verdad a que hemos de aplicar nuestra fe. Como en todos los poemas "anteriores", en éste predomina, me parece, la adhesión a la verdad revelada tradicional, que también perdura más o menos solapada en el período de los poemas de *Ancia*. La otra verdad revelada de la rebelión puramente humana y terráquea, en nombre de la cual pretenderá Blas acercarse a la inmensa mayoría y vivir con la inmensa mayoría, comienza con muchos poemas de *Ancia*, pero no se establece única y señera hasta *Pido la paz y la palabra*, *En castellano* y *Que trata de España*, es decir los libros centrales de su obra. En los que llamo posteriores y finales —en parte inéditos— habría que discutir si realmente Otero seguía creyendo en la capacidad apelativa de la palabra basada en la nueva luz. En suma, creo que las sucesivas creencias del poeta quedaron suavemente y resignadamente amortiguadas en su última época. Me parece que la relación del poeta y la sociedad, tan vibrantemente exaltada en los poemas juveniles como el que hemos comentado, se va desdibujando en sus aspectos supuestamente pragmáticos durante la última etapa del poeta. Sigue censurando ciertos aspectos de la sociedad, pero sin ánimos de actuación; su crítica es puramente un contenido personal.

Publicado en *El Basilisco*, n° 11, 1992, pp. 84-89.

« L O   F A T A L »

A PROPÓSITO de lo poco que nos dicen obras que en la primera juventud admiramos, me comentaba en una carta Blas de Otero: "¡Cómo come el tiempo!". Es la idea que más tarde acuñó poéticamente en un soneto titulado "Libro de memorias" que empieza con este cuarteto:

> El tiempo come mucho, es una fiera
> con brazos, ilusiones en los dientes,
> ropas chapadas, lluvia y sol, pendientes
> de sus labios de rauda cremallera.

Nos sobrecoge, casi, la imagen del tiempo como dragón voraz e incansable, encerrando en sus oscuras entrañas sin fondo todo lo que encuentra al avance raudo de la cremallera infinita de sus labios, de los cuales penden las hilachas desgarradas de las ropas chapadas manriqueñas.

Podría alguien sospechar que la propia obra de Blas de Otero ha sufrido, a los dieciséis años cumplidos de su muerte, un proceso de "comida" semejante, si se juzga a partir de la escasa resonancia que en los más jóvenes despiertan los temas esenciales de su poesía. La agitada e incorruptible rebeldía contra los cielos impávidos; la ardua preocupación agónica sobre España; la esperanza radiante en una tierra futura con la inmensa mayoría dorada por un sol oriental, parecen ya cuestiones anacrónicas y caducas. ¿A quién desasosiega hoy el "sentimiento trágico de la vida"? ¿Quién se preocupa de lo que pasa más allá del campanario sin campanas de la propia autonomía? ¿Quién espera en paraísos cándidos de solidaridad y convivencia?

Pero sería decisión apresurada afirmar que los fundamentos sustantivos de la poesía de Otero están ya pasados de moda, por mucho que alguno de sus poemas peque de la ingenuidad del converso creyente y entusiasta (como sucede también con bastantes de Alberti). El valor poético, la sugestión humana y directa de la obra de Blas de Otero, se mantiene hoy como ayer, y es indiscutible que representa una de las cimas de la poesía española de la segunda mitad del siglo XX. Con todas sus adherencias de sustancia accidental y pasajera, la intensidad de su pintura del destino del hombre y su capacidad de creación lingüística son insuperables. En otra ocasión lejana [1], ya escribí que "a pesar de su inmersión en la «inmensa mayoría» (o acaso por su identificación con ella), las vivencias infantiles y de juventud sostienen la labor poética de Otero como sustrato más auténtico del poeta y como raíz profunda de su comunidad con los demás hombres".

* * *

---

[1] "Al margen de Blas de Otero", en *Papeles de Son Armadans,* CCLIV-V (1977), p. 146. Aquí pág. 143 y ss.

El poema que vamos hoy a comentar se alimenta en esa sustancia eterna del vivir humano, y fue objeto de mi atención en el citado artículo. Dice así [2]:

LO FATAL

Entre enfermedades y catástrofes
entre torres turbias y ríos por los labios
así te veo así te encuentro
mi pequeña paloma desguarnecida
5 entre embarcaciones con los párpados entornados
entre nieve y relámpago
con tus brazos de muñeca y tus muslos de maleza
entre diputaciones y farmacias
irradiando besos de tu frente
10 con tu pequeña voz envuelta en un pañuelo
con tu vientre de brisa transparente
entre esquinas y anuncios depresivos
entre obispos
con tus rodillas de amapola pálida
15 así te encuentro y te reconozco
entre todas las catástrofes y escuelas
asiéndome del alma con tus dedos de humo
acompañando mis desastres incorruptibles
paloma desguarnecida
20 juventud cabalgando entre las ramas
entre embarcaciones y muelles desolados
última juventud del mundo
telegrama planchado por la aurora
por los siglos de los siglos

---

[2] Esta versión discrepa levemente en varios versos de la que el poeta ofreció en el mismo número de *Papeles de Son Armadans,* pp. 118-9. En verso 2 dice *sangre entre* en lugar de *ríos por;* en 9, *la* por *tu;* en 11, *hostia* por *brisa;* en 17, agrega *el borde* antes de *del alma;* en 26, pone *caída* tras *noche.*

25 así te veo así te encuentro
   y pierdo cada noche entre alambradas
   irradiando aviones en el radar de tu corazón
   campana azul del cielo
   desolación del atardecer
30 así cedes el paso a las muchedumbres
   única como una estrella entre cristales
   entre enfermedades y catástrofes
   así te encuentro en mitad de la muerte
   vestida de violeta y pájaro entrevisto
35 con tu distraído pie
   descendiendo las gradas de mis versos.

Pertenece al libro todavía inédito *Hojas de Madrid con La galerna*, y procede de la última época del poeta. Ofrece una composición bastante hermética, según reconocía el propio autor. La ausencia de puntos y comas con la yuxta-posición de secuencias a modo de letanía monótona, y la parquedad de referencias precisas y concretas, impiden re-construir con exactitud las sustancias materiales de las vi-vencias sobre las que el poeta estableció la forma expresiva del poema. La primera dificultad se hubiera evitado si con-tásemos con grabación de la lectura del mismo Blas de Otero: las pausas y la entonación del poeta, tan inmejora-ble lector, habrían dado más pistas orientadoras que la me-ra puntuación.

Más complejo e inseguro se muestra el intento de desve-lar la trama y la urdimbre del tejido textual de alusiones elu-sivas y elusiones alusivas, y de determinar con mínima pro-babilidad el sentido configurado por la forma poética. Yo supuse, en su día, una interpretación plausible entre varias que se me ocurrieron; pero ninguna coincidía con el propósi-to personal del poeta. Aduzco ahora estas discrepancias por dos motivos: el primero, para poner de relieve que ningún crítico está en posesión de la verdad absoluta; y el segundo, para subrayar que el valor poético es independiente de los cimientos reales que han servido al poeta para su vuelo formal (es decir, que no importa la anécdota, sino la categoría). En otras palabras, el hecho de "no entender" la sustancia del poema no impide la posibilidad de "sentir" su forma poética e intencional.

Por encima o por debajo de interpretaciones "realistas" divergentes, se consentirá en aceptar como núcleo de la sustancia suscitadora del poema esta especie de píldora o concentrado verbal: "Fatalmente hay siempre un algo que acompaña y sostiene la vida del hombre a través de todas las dificultades". Es una aseveración como otra cualquiera, que carece en sí de toda insinuación poética. Lo poético viene después, cuando el poeta analiza esas sustancias de contenido y las va configurando poéticamente. Quiero decir, las une con formas de expresión justas y necesarias, de modo que se adapten a la esencia última y profunda de sus experiencias personales, vistas desde una particular perspectiva dentro del inevitable decurso temporal.

El poeta contempla su vida (ejemplo particular de la vida de todos los hombres) y discierne la presencia fatal de alguien o algo que lo acompaña. Se coloca en un punto de vista concreto: la mirada retrospectiva y global del camino recorrido, un presente por así decir eterno y parado. Adopta una actitud de participación total, opuesta a la de voluntario distanciamiento objetivo que informa, por ejemplo, el soneto "Caminos" (TMS 127):

> Después de tanto andar, paré en el centro
> de la vida: miraba los caminos
> largos, atrás; los soles diamantinos,
> las lunas plateadas, la luz dentro.

En "Lo fatal", la seca aserción compendiosa que postulamos como masa inicial del poema se transforma en historia viva y animada y se actualiza en monólogo dramático dirigido a un interlocutor entre circunstancias adversas. Quien habla es un yo enjuto que se confiesa con sobria ternura ante un tú silencioso y abnegado, al que se apela con emoción y piedad serenas. Hay, pues, dos personajes: el poeta que recita su monólogo y el mudo destinatario, esa *paloma* persistente y acompañante sin remedio desde el principio hasta el fin del poema (*en mitad de la muerte*).

El tercer elemento de la configuración poética son las circunstancias, sucesivas y variables, que se funden en escenario unitario, en oleaje insistente, casi monótono agobio, reflejado en el ritmo reiterado de secuencias de colorido léxico violento y negativo. Es un ritmo análogo al obsesivo del *Bolero* de Ravel, que, por otra parte, tan bien supo captar Otero en un soneto (TMS 96):

> Suena el *Bolero*, de Ravel. Y suena,
> suena el *Bolero*, de Ravel. Va y viene
> el son, el son sonoro del *Bolero*. Viene
> y va el *Bolero*, de Ravel. Y suena.

En nuestro poema, las circunstancias que rodean a los agonistas se insinúan con pareja reincidencia, mediante grupos sintagmáticos encabezados por la preposición *entre*, como un doloroso y asfixiante pasadizo por el que ha de deslizarse hasta el final la *pequeña paloma desguarnecida*. Son estructuras bimembres (ya que *entre* condiciona la existencia de al menos dos elementos). Abundan en la poesía de Blas de Otero: unas veces los dos elementos son uniformes de tono; otras, contrastan sus referencias. Recordemos, de otros poemas, algún ejemplo:

> entre cristales rotos y alegrías ("Historia de mi vida", 11)
> entre golpes de olas y de azadas (ídem, 13)

entre alambradas hambre y vejaciones ("Palabras sin sentido", 11)
Y, entre raíz mortal, fronda de anhelo,
mi corazón en pie, rayo sombrío. ("Ímpetu", 7-8).

La primera de estas circunstancias negativas en "Lo fatal" es muy explícita y comienza el poema: *Entre enfermedades y catástrofes*. Alude a la adversidad personal del hombre que es el poeta (*enfermedades*) y a las que aquejan a la humanidad entera (*catástrofes*). El motivo se va variando en secuencias diversas, recogidas de vez en cuando por el concentrado adverbio anafórico *así*, hasta cerrarse con su repetición en el verso 32, que preludia el concluyente *en mitad de la muerte* del verso 33. Reléanse los reincidentes segmentos:

verso   2 entre torres turbias y ríos por los labios [3]
          5 entre embarcaciones...
          6 entre nieve y relámpago
          8 entre diputaciones y farmacias
        12 entre esquinas y anuncios depresivos
        13 entre obispos
        16 entre todas las catástrofes y escuelas
        21 entre embarcaciones y muebles desolados
        26 ...entre alambradas
        32 entre enfermedades y catástrofes

Aún hay en el poema otras dos construcciones con *entre*: en el verso 20

juventud cabalgando entre las ramas

y en el verso 31

única como una estrella entre cristales,

---

[3] Recuérdese que la versión final introduce otra preposición *entre* en este verso: *entre torres tubias y sangre entre los labios.*

las cuales, por el contexto no precisamente negativo (*ramas, cristales*), deben considerarse aparte de la serie de circunstancias adversas. Podrán excluirse también las referencias del verso 6, puesto que *nieve* y *relámpago* tienen a veces connotaciones positivas. Sin embargo, aquí pueden aludir a la fría y larga cargazón de la primera y a la fugacidad instantánea del segundo, tal como se ve en otros lugares:

> Oh, montones de frío acumulado
> dentro del corazón, cargas de nieve... ("Mar adentro", 1-2),

el *relámpago azul* del soneto "Cuerpo de la mujer, río de oro..." v. 3, y el título de otro "Un relámpago apenas".

No es fácil colegir el proceso metafórico o imaginativo que impregna a los vocablos de esa serie. En el verso 2, *torres* y *ríos* no conllevan de suyo sentido negativo (aunque sí *sangre* de la variante final). En cuanto a *torre*, lo encontramos a menudo como signo del ansia ascendente: *la torre esbelta del anhelo* (AFH 40, "No puede", luego titulado "Excede"), *Oh torre de cristal* (A 51); pero aquí es el adjetivo *turbias* el que impone sus matices, los que aparecen, por ejemplo, en los versos 6-8 de "Bilbao" (ER 232):

> ciudad donde nací, turbio regazo
> de mi niñez, húmeda de lluvia
> y ahumada de curas...

Habrá, pues, que interpretar las *torres turbias* como la inutilidad de los anhelos o creencias juveniles.

Imagen muy abundante y de sentido variable es la del *río* (de la muerte, de la vida); recuérdese también el soneto que comienza *Cuerpo de la mujer, río de oro*. En "Lo fatal", hay que pensar en una alusión análoga a la de *Ángel fieramente humano* 61, cuando el poeta dice que "Estos sonetos" (así se titula) son

> ...ardiente río
> donde la angustia de ser hombre anego.

Entenderíamos (es un decir) el verso 2 como surgido de esta sustancia: "entre viejas creencias inútiles y angustiosas palabras por los labios". El sentido no varía con la variante *sangre*, término más intenso y muy frecuente en Otero.

En los versos 5 *entre embarcaciones* y 21 *entre embarcaciones y muelles desolados*, parecen resonar las referencias bilbaínas del poema antes citado (cuando invoca a su villa "desoladamente desde Madrid" y dice de otro puerto que "sus muelles se llenaban de barcos del Nervión") y además se alude a sus viajes y a las despedidas desoladas como los muelles.

Palabras tan esquivas a lo sugerente como *diputaciones* y *farmacias* del verso 8 no pueden apuntar más que a precisas dificultades administrativas (o políticas) y de salud (concorde con las *enfermedades* del principio).

Para captar el verso 12, *entre esquinas y anuncios depresivos*, debemos juntar los valores sombríos y agoreros de *esquinas* en otro poema:

> Hablemos de la soledad del hombre,
> las esquinas que callan como muertos de pie,

y el soneto que empieza *Hay una casa y un anuncio enfrente*, donde se lee

> Un niño sale de la casa. Mira
> el anuncio falaz. No entiende, estira
> el cuello y llora largamente y chilla.

En el verso 13 no puede extrañar al lector de Blas de Otero que *obispos* funcione como metonimia breve de todas las connotaciones negativas de lo eclesial y similares. En fin, la secuencia *entre alambradas* del verso 26 apenas requiere explicación cuando sus usos figurados son tan obvios.

Pero todavía conviene fijarse en el verso 16: *entre todas las catástrofes y escuelas*. Un lector circunspecto sospecharía ahí una errata por *secuelas,* ya que teóricamente los objetos designados como *catástrofes* y como *escuelas* son heterogéneos e incompatibles. Mas no es así. No hay errata. Recordemos en el poema "Biotz-begietan" las alusiones escolares al "hielo aquel de luto atormentado", a "la derrota del niño y su caligrafía triste" y la súplica angustiosa "Madre, no me mandes más a coger miedo y frío ante un pupitre con estampas". En "Lo fatal" resuenan como una catástrofe más las enseñanzas temibles de la infancia y adolescencia. También es muy plausible interpretar las escuelas como referencia a los movimientos literarios, tan variables y molestos como las enfermedades, según anotan ahora otros [4].

Hemos indicado que este panorama de circunstancias onerosas, desplegado con ritmo de secuencias paralelas entre el verso 1 y el verso 32 *(entre enfermedades y catástrofes),* se resume fragmentariamente mediante el adverbio *así* cada vez que el yo del poema interviene explícitamente, es decir, cada vez que aparecen formas verbales en primera persona:

> verso   3 así te veo así te encuentro
>   15 así te encuentro y te reconozco
>   25 así te veo así te encuentro (y pierdo... 26)
>   33 así te encuentro en mitad de la muerte.

Es todo lo que hace el yo: ver, encontrar, reconocer a ese interlocutor, el tú, el vocativo (de que luego hablaremos). La serie de secuencias encabezadas con *así* está distribuida con cuenta y razón en dos tipos que alternan: en los versos 3 y 25

---

[4] Blas de Otero, *Poesía Escogida,* ed. Sabina de la Cruz y Lucía Montejo, Barcelona, Vicens Vives, 1995, p. 190.

el *así* se desdobla yuxtaponiendo los dos verbos (*veo, encuentro*), mientras en los versos 15 y 33 hay un solo *así* y sólo el verbo *encuentro*, pero se agrega en el primer caso otro verbo (*reconozco*) y en el 33 la circunstancia final (*en mitad de la muerte*). Puede pensarse que con el nuevo verbo del verso 15 se introduce como una segunda parte de la historia. Cabría añadir a la serie el verso 30 *así cedes el paso a las muchedumbres*; pero la forma verbal en segunda persona asigna la secuencia a lo que se refiere a la *paloma* y la desvincula de la serie que ahora examinamos.

No está muy claro el papel que desempeñan estos *así* en el decurso del poema: unos parecen anafóricos (remitiendo a las circunstancias expresas previamente), otros se comportan más bien como señales catafóricas de las circunstancias después manifestadas, y en fin, a veces, no puede descartarse que actúen de ambas maneras (sólo las pausas y la entonación lo aclararían). Después veremos que estas unidades *así*, resumen o anuncio de las circunstancias adversas, sirven simultáneamente para reunir y recordar otros elementos del poema.

En relación con el yo que habla, debemos todavía señalar otras particularidades. Se trata de las mínimas referencias a la primera persona sitas en los posesivos de los versos 4, 18 y 36, y en el personal complementario del verso 17 (equivalente a un posesivo: 'asiendo de mi alma'):

> *mi* pequeña paloma desguarnecida
> acompañando *mis* desastres incorruptibles
> descendiendo las gradas de *mis* versos
> asiénd*ome* del alma con tus dedos de humo

Aluden en su brevedad a los cuatro rasgos importantes del yo del poema, por decir así, sus escuetas pertenencias: tiene un algo a quien apela (la paloma), tiene una vida ardua a que no renuncia (desastres incorruptibles), tiene su palabra activa (sus versos), tiene un hondón intransferible (el alma). Bastan las cuatro notas. Lo demás es accidente. Es este yo el "ángel fieramente humano" de siempre, el que explícitamente reaparece en un soneto tardío que acaba así:

> Yo soy un ángel fieramente humano,
> todo lo humano es asunto mío.

Más pormenorizados son los datos del poema respecto al silencioso interlocutor del vocativo. Determinar su identidad de sustancia es lo más duro que nos queda por desollar, según anunciamos al principio. Veamos cómo se dirige el poeta al destinatario enigmático, a esa segunda persona de los pronombres átonos *te* que incrementan a los verbos mencionados (*te veo, te encuentro, te reconozco*), oculta en los posesivos que luego consideraremos y en la aislada forma verbal *cedes* del verso 30.

La apelación del poeta en los versos 4 y 19 se ciñe a dos notas esenciales de fragilidad y desvalimiento:

> mi pequeña paloma desguarnecida
> paloma desguarnecida.

Este último vocativo parece amplificarse en los versos siguientes, como identificando *paloma* con "juventud cabalgando entre las ramas". Sería congruo con la visión poética de Otero igualar esta *paloma* del poema con la de la paz, que tanto pidió en su obra. Pero la fatalidad que implica el título del poema disuade de aceptar tal interpretación, porque nada menos fatal que la paz.

Frente a las circunstancias adversas, introducidas todas por la preposición *entre*, que hemos visto antes, aparecen en el poema otras secuencias, atribuidas a la *paloma*, que suscitan connotaciones bonancibles: unas se presentan como grupos nominales iniciados por la preposición *con* (cuyo sentido sugiere compañía, simultaneidad), y otras se manifiestan con gerundios (indicadores también de esas mismas nociones, junto con la durativa de persistencia). Helas aquí:

verso 5 ... *con* los párpados entornados
　　7 *con* tus brazos de muñeca y tus muslos de maleza
　　9　　　*irradiando* besos de tu frente [la frente]
　　10 *con* tu pequeña voz envuelta en un pañuelo
　　11 *con* tu vientre de brisa transparente [de hostia]
　　14 *con* tus rodillas de amapola pálida
　　17　　　*asiendo*me del alma
　　　　con tus dedos de humo
　　18　　　*acompañando* mis desastres incorruptibles
　　20 juventud *cabalgando* entre las ramas
　　27　　　*irradiando* aviones en el radar de tu corazón
　　35 *con* tu distraído pie
　　36　　　*descendiendo* las gradas de mis versos

Otras dos secuencias del mismo tono positivo son como atribuciones con adjetivo o sustantivo:

　　31 *única* como una estrella entre cristales
　　34 *vestida* de violeta y *pájaro* entrevisto

Por último, quedan en el poema cuatro grupos nominales cuya adscripción en el contexto es dudosa, tanto sintáctica como semánticamente. Acaso el verso 22 *última juventud del mundo* sea aposición y precise la *juventud* del verso 2; aunque de todas maneras su intención meliorativa se identifique con la de otros pasajes oterianos (por ejemplo, en el soneto "Crónica de una juventud" se pasa de un sentido negativo al positivo de los versos finales:

　　　　... Me junté al hombre,
　　y abrí de par en par la vida, en nombre
　　de la imperecedera juventud.)

No acertamos a ver la alusión del verso 23 *telegrama planchado por la aurora* ni su conexión con los versos contiguos. También dudamos de los dos versos 28 y 29 *campana azul del cielo* y *desolación del atardecer*. Su sentido y su tono parecen opuestos; pero ¿qué relación mantiene con lo precedente? ¿Son imágenes contrapuestas de la *paloma*, o de su *corazón*?

Prescindiendo de estos versos discutibles y volviendo a las primeras secuencias positivas enumeradas, observamos que hay siete casos de grupos comenzados por *con*, y seis construcciones con gerundio. En todos se incluye léxico apacible y concorde con el tono de las notas asignadas a la *paloma*: sustantivos y adjetivos como *muñeca, besos, pequeña voz, brisa {hostia} trasparente, amapola pálida*. Es una gama de connotaciones en fuerte contraste con el vocabulario más bien ingrato que coloreaba las secuencias con *entre* alusivas a la adversidad y que manifestaban el choque de la delicadeza de la *paloma* acompañante y el agobio de las circunstancias exteriores. Las dos series, positiva y negativa, interna y externa, de circunstancias se funden neutralizadas en los sucesivos *así*, que, según vimos, son resumen de la actitud perseverante de la *paloma* a pesar de las amenazas de *enfermedades* y *catástrofes*. El modo de esa perseverancia se analiza matizadamente con cada una de las trece secuencias señaladas, mientras las seis con gerundio (por el valor propio de este derivado verbal) insisten en el sentido de la persistencia.

En ese análisis se desgranan referencias a varios atributos de la *paloma*, en todos los cuales, menos en el primero de la serie, el posesivo de segunda persona subraya su pertenencia concreta. Se trata de detalles propios de un cuerpo humanizado y no de un ave: *los párpados, tus brazos, tus muslos, tu {la} frente, tu voz, tu vientre, tus rodillas, tus dedos, tu corazón, tu distraído pie*. En un contexto como el del poema, hecho todo de valores figurados, el primer impulso ante esa serie de términos es pensar que también carecen de su sentido propio. Pues bien, esos datos de la *paloma* son los que, conservando su significación propia, permiten comprender que *paloma* es figurado y simplemente imagen de la sustancia concreta a que representa: una mujer.

Ese algo fatal que acompaña al hombre y sostiene su vida hasta *en mitad de la muerte* es la mujer. Una mujer que acompaña al poeta, al hombre, desde su *alma niña* (recuérdese el soneto "Lejos": *Barrizales / del alma niña y tierna y destrozada*), pasando por sus *desastres incorruptibles*, hasta el final maestoso en que *vestida de violeta y pájaro entrevisto* desciende por los versos del poeta con *distraído pie*. Es la que aparece explícita en el soneto "Esta verdad vertida":

> Esta palabra dice *compañera*;
> esta palabra dice *vida hermosa*;
> esta palabra dice *cuna y fosa*;
> esta palabra dice *vida entera*.
>
> Esta palabra dice *miel y cera*;
> esta palabra dice *laboriosa*;
> esta palabra dice *labio rosa*;
> esta palabra dice *enredadera*.
>
> Esta palabra dice todo y nada,
> esta palabra está muy enamorada
> de ti, como una luna que se abra.
>
> Esta palabra dice *compañera*;
> esta palabra dice *miel y cera*;
> esta verdad vertida en la palabra.

Desvelada la incógnita del sustrato real del poema, examinemos todavía algunas particularidades de las trece secuencias engarzadas con la *paloma*. En el verso 5 *entre embarcaciones con los párpados entornados*, hemos interpretado que cada uno de los miembros pertenece a una de las dos series opuestas de lo negativo y de lo positivo. Ahora bien, pudiera también creerse que es un verso unitario y que *los párpados entornados* se refieren a las luces vacilantes de las embarcaciones. En el verso 7, ¿qué contraste se establece entre *muñeca* y *maleza*? ¿Será paralelo al del verso siguiente entre *diputaciones* y *farmacias*? En el verso 14, ¿hay alguna relación ente la *amapola pálida* de las rodillas y el ambiente referencial del verso precedente *entre obispos*? ¿Qué hay de común y de opuesto entre el verso 9, *irradiando besos de tu frente*, y el 27, *irradiando aviones en el radar de tu corazón*? A propósito del verso 17, *asiéndome {el borde} del alma con tus dedos de humo*, recordemos de una parte la predilección de Otero por el verbo *asir*, que connota un 'coger' o 'agarrar' más profundo e intenso (así en: *pulpos viscosos que a la piel se asen; mi ansia de asir un sueño ya despierto; mi pobre patria sola, asida a un clavo ardiente*); y, de otra, los valores de *humo* o *dedos*, por ejemplo en estos versos del soneto "Fonseca": *El humo es como el alma, esa humareda / que inventaron los siglos tenebrosos; El humo, el alma... sueños vaporosos / girando en incesante y rauda rueda; Mi alma entre mis dedos: desdoblada / en el verso, deshilando la rueca / de mi vida, escurrida de la mano...* Tales insinuaciones hacen pensar en que la intensidad de la protección de la mujer es vana.

Llegamos al final. La sustancia del poema puede resumirse así, utilizando en parte sus propias expresiones: "Entre enfermedades y catástrofes, te veo desvalida y contumaz acompañándome a pesar de mis desastres incorruptibles, y te reencuentro siempre hasta la muerte, sugiriendo sin saberlo mis versos".

Publicado en *Philologica (Homenaje a Ricardo Senabre)*, Universidad de Extremadura, Cáceres, 1996, pp. 53-65.

Releyendo a
Blas de Otero

Han pasado ya tres quinquenios —quién lo diría— desde la muerte de Blas de Otero. La fecha de hoy, dieciocho de julio, resulta muy apropiada para celebrar a un poeta como el bilbaíno. Porque precisamente en este día se cumplen ciento veinticuatro años de la clausura del Concilio Vaticano I, donde, como es notorio, el papa Pío Nono estableció el dogma de la infalibilidad del pontífice cuando habla *ex cathedra*. Si nos atenemos al dicho popular que reza "díjolo Blas, punto redondo", hemos de reconocer, guardando los debidos respetos y distancias, que el poeta, dentro de su particular ámbito poético, también se comporta como vate infalible. Cualquier lector de Otero recordará la frecuencia con que profiere en sus versos sentencias inapelables y rotundas como si se sintiera asistido por la razón (o mejor, machadianamente, por su razón): "Esto es ser hombre: horror a manos llenas" (ER 62); "Tema del hombre: nada, lo olvidaron" (80); "Creo en el hombre. [...] Creo en la paz. [...] Creo en ti, patria" (111); "Él ha muerto hace tiempo, antes de ayer. Ya hiede" (116), etc.

Semejante especie de dogmatismo prolifera en la obra de Otero después de un largo período de agónica duda, durante el cual se fueron disolviendo las primitivas y tradicionales creencias íntimas de cuño más o menos ignaciano. Una nueva fe, patente ya en algún poema de *Ángel fieramente humano*, se le reveló de pronto indiscutible. Y así, sin cansancio ni titubeos, la mantuvo fielmente el poeta en su obra ulterior. Sin embargo, con los años y los muchos espacios transcurridos, la indemnidad vital del poeta se va amenguando, y con ella disminuye su confiada seguridad, según lo reflejan sobre todo los poemas posteriores a su regreso a España, y en especial los del libro inédito *Hojas de Madrid con La galerna*. Se percibe ahora que aquella fe, adoptada con tanto fervor y consecuencia, es acosada de improviso por "enfermedades y catástrofes". El poeta, siempre en sus trece, *sigue siguiendo* con sus ilusionadas perspectivas hacia la inmensa mayoría, repartiendo e instalando paz. Pero se enfrenta ahora con un horizonte hosco cada vez más exiguo. Por eso, con serena resignación, busca y excava en sus oscurecidos nubarrones espejismos del pasado (memorias infantiles y de mocedad) que rezuman lienta y sosegada melancolía.

Muchos ejemplos podrían aducirse de esta actitud paradójica del poeta, en que coexisten la firmeza de una fe a la que, a pesar de los pesares, no se renuncia, y la convicción apenas confesada de la infinita inanidad del todo. Fijémonos, por ejemplo, en el soneto "Que es el morir", donde se conjugan la imagen manriqueña y eterna del río que fluye sucesivo hacia la mar que es el morir, la de la débil barquichuela de la vida de cada hombre, rápida o despaciosa según el viento incognoscible, y la del árbol que, erguido y arraigado en su margen, se cree perdurable:

> El tiempo, el tiempo pasa como un río.
> No. Yo soy una barca pasadera
> a lo largo del río. (Blanda cera
> consumiéndose a fuego lento y frío.)
>
> El tiempo, el tiempo es siempre y nunca mío
> como una secuencia que fluyera

en negro y blanco, un raudo film que fuera
borrándome la estela del navío...

El árbol. Permanece. A contra viento.
Junto al río, escuchando el movimiento
de las piedras del fondo removidas.

Yo soy. Un árbol. Arraigado. Firme.
Aunque, en el fondo, bien sé que he de irme
en el río que arrastra nuestras vidas.

(TMS 125)

En este soneto se oponen, por una parte, el *tiempo* y el *yo*
del poeta (o del hombre, al fin y al cabo), y de otra, la *barca*
y el *árbol* como representantes alternativos del *yo*, en sus dos
aspectos complementarios de la fugacidad y la permanencia.
En los cuartetos se acumulan referencias a lo transitorio propio del *tiempo*: "río", "pasa", "pasadera", "a lo largo", "secuencia", "fluyera", "raudo film", "estela que se borra", rasgos corroborados por la imagen encerrada en paréntesis que
presenta la vida "consumiéndose" como "blanda cera" bajo
los efectos del "fuego lento" de la vida, concebido, con polar
antítesis expresiva, como "frío". Las reiteraciones ("el tiempo,
el tiempo") y los gerundios ("consumiéndose", "borrándome") contribuyen a sugerir la demorada eficacia irrefrenable
del curso temporal, mientras los choques léxicos de opuestos
(además de "fuego" y "frío", "siempre" y "nunca", "raudo" [el
film] y "lento" [el fuego], "negro" y "blanco") sugieren su
violencia corrosiva. Frente a la imagen de la barca pasadera de
los cuartetos, los tercetos presentan exabrupto y con sintaxis
elemental al "árbol", figuración de lo persistente y fijo, con
las connotaciones que se desprenden de "permanece" y "a
contra viento". Quieto en la orilla, el árbol escucha impasible
el fluir del río, "el movimiento de las piedras del fondo removidas". Y aquí surge, con la misma sintaxis entrecortada,
la voluntariosa afirmación: "Yo soy". "Un árbol". "Arraiga-

do". "Firme". Los dos adjetivos se corresponden con los dos términos del primer terceto: "permanece–arraigado", "a contra viento–firme". Pero con vigilante desconfianza ante tal optimismo, rectifica el poeta y acepta lo irremediable, introduciendo una resignada objeción concesiva: "Aunque, en el fondo, bien sé que he de irme en el río que arrastra nuestras vidas". Jugando con las referencias varias de "fondo", el poeta identifica "nuestras vidas" con las inertes "piedras removidas" arrastradas por el río del tiempo. El árbol, erguido y enraizado, escucha el rumor de las piedras del fondo ajeno; el poeta siente, en el propio fondo de su fugacidad, la remoción de los instantes irreversibles. Melancólica y apacible conclusión.

El contraste entre caducidad y permanencia, desplegado tan oterianamente en ese soneto mediante el juego de la barca que pasa y el árbol que queda, se repite a menudo en la obra última del poeta. Léanse, entre otros muchos ejemplos, estos cuatro versos de "Penúltima palabra" (ER 249), en los cuales se reflejan los encontrados sentimientos surgidos dentro del poeta ante el fluir de los ríos, la firmeza del árbol y el mar definitivo de la muerte:

> Veo los ríos, me conmueven.
> Contemplo un árbol, quedo absorto.
> El mar inmenso me parece corto
> de luces frente a muertos que se mueven.

La oscilación entre querer y no poder, el vaivén entre querer creer un algo y saber que no es posible conciliar los contrarios, se suprime en momentos de placidez lúcida, como cuando, sobre la duda ineluctable, se instala sutilmente otro componente decisivo: el amor. Ya en otras ocasiones he aludido a la importancia de este factor en la poesía (para no hablar de lo que supone en la vida) de Blas de Otero, por ejemplo en un análisis del poema "Lo fatal"[1]. Allí, se insiste en que no deja jamás de acompañar al poeta, en sus "desastres incorruptibles", un ser protector: la "paloma desguarnecida" que le ase del alma con sus "dedos de humo" y desciende por las "gradas de sus versos".

***

Vamos a examinar ahora este aspecto en otro poema, también como "Lo fatal" en verso libre, y con muchos ingredientes superrealistas, según suele ocurrir en todo lo que fue escribiendo Blas durante los últimos diez años de su vida. Se titula "Sol redondo solo" y debe de datar de hacia 1975, fecha en que lo envió a Oviedo para su publicación. Dice así:

> Envuélveme en tu memoria
> abre mis ojos con tus dedos diarios
> acostúmbrame a la serenidad
> diviso la galerna
> 5   sus aspas marrones y su percal de nubes
> el horizonte se ahoga
> el mar se arruga como un rostro usado
> salta el viento la valla de las olas
> no hay salvación
> 10   estoy junto a la orilla la resaca me arrastra hacia las rocas
> la resaca
> alzad el gallardete rojo redondead los salvavidas
> vertiginosamente
> mi vida pasada surge como una diapositiva
> 15   choco contra las peñas el musgo se desliza por mis muslos
> no habrá un rayo de sol
> no
> habrá un círculo de arena en que caer de espaldas
> estás a mi lado

---

[1] *Cf.* pág. 179.

<pre>
20   cierras mis ojos con tus dedos de tela
     me arrastras al amarillo del desnudo
     el cielo se extiende a pecho descubierto
     sol
     redondo
25   solo
     en el fondo de la memoria agua azul de mi niñez
     espacio abierto brisa sesgada serenidad
     balanceándose
          las lanchas
</pre>

Como en el poema se elimina la puntuación, y carecemos sin remedio de la versión oral del poeta, que, con su entonación, nos hubiera conducido más precisamente hacia su sentido concreto y exacto, nuestra lectura no pretende ser infalible, pues incluso en algunos pasajes nos han acometido fuertes dudas. No obstante, esperamos que la interpretación que damos de estos versos no se aleje demasiado de la sustancia real de su contenido.

En primer lugar, ¿cómo debe entenderse el título, "Sol redondo solo", luego repetido en los breves y enhiestos versos 23-25? ¿A qué alude o qué representa ese "sol redondo solo"? El adyacente "solo" ¿qué circunstancia del "sol redondo" indica? ¿Es un adjetivo, y se trata de significar que ese "sol" está solo, de que es único? ¿O es un adverbio, y se sugiere que es sólo ese "sol redondo" lo que ilumina y salva al sujeto paciente poético (ese protagonista que habla y se refleja levemente en las unidades personales y posesivas "me, mi, mis" de los versos 1-3, 10, 14, 15, 19-21 y 26, y en las primeras personas verbales "diviso" 4, "estoy" 10 y "choco" 15)? ¿Es el amor, es la mujer amada (la "paloma" de "Lo fatal") ese "sol redondo", pleno? Posiblemente. En todo caso, debemos considerarlo como el interlocutor a quien apela el yo lírico, esa segunda persona señalada por los imperativos de los versos 1-3 ("envuelve, abre, acostumbra") o por las formas de presente en segunda persona de los versos 19-21 ("estás, cierras, arrastras") y los posesivos "tu, tus" de 1, 2, 20.

El poema comienza con una súplica del yo poético a ese sol poderoso (v. 1-3): son tres imperativos que luego resonarán en los tres verbos de los versos 19-21, donde el deseo expresado por aquellos aparece, en cierto modo, cumplido. Entre los unos y los otros se establecen correspondencias de sus términos adyacentes con sentido afín u opuesto: "envuélveme"–"estás", "en tu memoria"–"a mi lado" (1-19); "abre"–"cierras", "mis ojos con tus dedos (diarios–de tela)" (2-20); "acostúmbrame"–"me arrastras", "a la serenidad"–"al amarillo del desnudo" (3-21). Es al sol redondo a quien el poeta pide protección. Y lo hace porque la situación que lo rodea, o que simplemente así imagina, le produce temeroso desasosiego: "diviso la galerna", e identifica sus ásperos ingredientes (v. 4-5 "sus aspas marrones y su percal de nubes"). Contempla y enumera sus elementos esenciales en acción (que son también tres): "se ahoga"–"el horizonte", "se arruga" –"el mar", "salta"–"el viento". Concluye amargamente en el v. 9: "no hay salvación". Especifica: "estoy junto a la orilla", indefenso porque "la resaca me arrastra hacia las rocas" (v. 10). Remacha lúgubre: "la resaca". El hombre se hunde y pide auxilio: se dirige a los otros ("alzad el gallardete rojo, redondead los salvavidas" v. 12, donde, por otra parte, no deja de resonar en el adjetivo "rojo" la dirección de su fe). En la mente del angustiado desfila en vértigo (como sugiere no sólo el significado, sino también el envolvente e interminable significante del adverbio "vertiginosamente") la "vida pasada" (13-14), y, según se dice que les pasa a los ahogados, el poeta se la representa "como una diapositiva". Y en paralelismo sintáctico y contraste semántico aparece el verso 15 "choco contra las peñas el musgo se desliza por mis muslos", cuyas unidades se corresponden con las del 10 y son como su resultado: "estoy–choco", "junto a la orilla–contra las peñas", "la resaca–el musgo", "me arrastra–se desliza", "hacia las rocas–por mis muslos". Desesperación y soledad total: el verso 16 dice que "no habrá un rayo de sol". Pero, no: aún hay esperanza en tanta congoja ("habrá un círculo de arena en que caer de espaldas" 18). Y, en efecto, el tú interpelado al principio del poema se presenta salvador ("estás a mi lado", etc. 19-21) y arrastra al afligido "al amarillo del desnudo", a la arena mínima, a la serenidad segura. Allí se extiende el cielo "a pecho descubierto" (22), allí (en lugar del sol real aludido en v. 16) luce el "sol redondo solo", y el yo, escapado de la galerna (si imaginaria, no importa), se sume "en el fondo de la memoria" (26). En lugar del horizonte tenebroso, de la furia del viento, de la "valla de las olas" (5-8), emerge como aljibe reposado el "agua azul de la niñez" (26), de nuevo con un trío de componentes: el glorioso "espacio abierto", la "brisa sesgada", la "serenidad" solicitada desde el comienzo, y, en ella, el balanceo plácido de las lanchas, de las vidas.

Todos estos temas y preocupaciones, el estar y no estar en la realidad, el creer y el dudar, el ansiar y el temer, la esperanza y la resignación, desnudos de todo artificio, con sobriedad expresiva extraordinaria, se reúnen en un poema, perteneciente al libro, citado al principio, *Hojas de Madrid con La galerna*. El poema se titula *Cantar de amigo* y fue escrito a raíz de haber sufrido el poeta una grave intervención quirúrgica. Ya ha aparecido impreso en revistas y antologías. Sobre todo a raíz de la muerte de Blas de Otero en 1979, se difundió mucho por los agüeros funestos que contiene. Dice así:

¿Dónde está Blas de Otero? Está dentro del sueño, con los ojos abiertos.

¿Dónde está Blas de Otero? Está en medio del viento, con los ojos abiertos.

¿Dónde está Blas de Otero? Está cerca del miedo, con los ojos abiertos.

¿Dónde está Blas de Otero? Está rodeado de fuego, con

los ojos abiertos.

¿Dónde está Blas de Otero? Está en el fondo del mar, con los ojos abiertos.

¿Dónde está Blas de Otero? Está con los estudiantes y obreros, con los ojos abiertos.

¿Dónde está Blas de Otero? Está en la bahía de Cienfuegos, con los ojos abiertos.

¿Dónde está Blas de Otero? Está en el quirófano, con los ojos abiertos.

¿Dónde está Blas de Otero? Está en Vietnam del Sur, invisible entre los guerrilleros.

¿Dónde está Blas de Otero? Está echado en su lecho, con los ojos abiertos.

¿Dónde está Blas de Otero? Está muerto, con los ojos abiertos.

El poema está cuajado de rasgos típicos del estilo oteriano. Es de sobra conocida la afición del poeta a los cancioneros medievales y renacentistas y a la poesía popular tradicional, cuyos temas y aun expresiones literales aprovecha o recrea en su afán de dirigirse a la inmensa mayoría (recuérdense, entre muchos, los "Cantares", tercera parte de *Que trata de España*). Con claridad confiesa esas predilecciones al comenzar el soneto "Ayer mañana" (TMS 119):

La primera palabra está escondida
en la boca del pueblo: el romancero
y el cancionero popular: Prefiero
este hontanar con agua reunida.

Desde muy pronto aparecen en la producción de Otero estrofas varias derivadas del zéjel hispanoárabe. Recordaré, por ejemplo, el poema "Poeta" que, publicado en *Egan* de 1948, no ha vuelto a reimprimirse (salvo en mi artículo "Un poema *anterior* de Blas de Otero", reproducido aquí, p. 163 sg.). Presenta la típica estructura triple de los villancicos con mudanza, vuelta y estribillo, aunque bastante compleja, e incluso utiliza las mismas asonancias en *é-o* del *Cantar* que ahora comentamos. Por otra parte, también recoge Otero muchas veces el ritmo paralelístico propio de la lírica medieval galaicoportuguesa. Los dos aspectos —herencia del zéjel y huella paralelística— se reflejan con extraordinaria condensación en este poema tardío, y de ahí que se titule justamente "Cantar de amigo".

A la vez, en cuanto a la sustancia del contenido, el poema muestra la fusión de las dos fuentes de inspiración de Otero en sus obras anteriores: las viejas vivencias personales profundamente íntimas que lo condujeron a la crisis, y la preocupación social y solidaria de la nueva fe sinceramente vivida. Lo resume bien en estos serenos versos de "Penúltima palabra" (ER 250):

> He caminado junto al hombre.
> Participé sus arduas luchas.
> Muchos han sido los fracasos; muchas
> más las conquistas que no tienen nombre.

Según hemos indicado, la estructura rítmica del poema, con su paralelismo simple y reiterado, no es más que mera variación de los metros populares medievales, comprimida y ceñida a lo esencial. Cada estrofa queda condensada en un solo verso de tres esticos o segmentos. Pero en el aspecto expresivo y métrico, Otero se basó en el ritmo de una conocida canción infantil (de probable origen francés, que no sé si todavía se conserva entre las juveniles generaciones informáticas, aunque sí la recordamos bien los antiguos coetáneos de la lenta artesanía): *¿Dónde están las llaves?*...

El poeta, inquieto sin duda por las perspectivas tenebrosas de su dolencia, se interroga, contemplándose desde fuera, como enajenándose, sobre su destino, y recogiendo en el primer estico el comienzo de la canción citada, repite monocorde y sombrío la misma pregunta obsesiva verso a verso:

¿Dónde está Blas de Otero?, ¿Dónde está Blas de Otero? A lo largo de su insistente inquisición recapitula, en los segundos esticos (todos construidos sintácticamente con el mismo núcleo verbal "está"), los hitos sentimentales de su vida y de sus severas actitudes morales. El último de los esticos viene a funcionar como estribillo *(con los ojos abiertos)*.

Pero el poeta, con la libertad creadora que le caracteriza, rompe la rigidez del esquema propuesto. En el poema, el primer segmento invariable de cada verso es un heptasílabo y también lo es, en concordancia, el estico del estribillo. Sin embargo, en el noveno trístico queda sustituido el heptasílabo *con los ojos abiertos* por un decasílabo (y con distinta referencia real): *invisible entre los guerrilleros.* ¿Qué fin justifica esta irregularidad? Dados los procedimientos funambulescos que Blas de Otero aplica a la métrica, no sería descabellado suponer que el poeta, en una cabriola expresiva, consideró que la palabra *invisible*, de acuerdo con su significado, es en verdad "invisible" y aun "inaudible" y no debe contar para el cómputo silábico; por tanto, el resto del estico *(entre los guerrilleros)* consta como heptasílabo perfecto.

En lo que respecta a la rima, todos los esticos presentan, como dijimos, asonancia única (en *é-o*), impuesta por las palabras finales del primer segmento y del estribillo *(Otero, abiertos)*. Se exceptúan de esta pauta varias anomalías abruptas y expresivas. La asonancia de los esticos centrales se suprime en tres ocasiones. La primera en el verso 5, *en el fondo del mar*, donde se reproduce literalmente un verso de la citada canción infantil; luego el verso 8, *en el quirófano*, que queda justificado acaso como pista de la situación evocada por el poema; finalmente, en el verso 9, *en Vietnam del Sur*, que aparece como inevitable referencia cronológica de las preocupaciones sociales e históricas del poeta.

Nótese además que estos segundos segmentos de cada verso no mantienen el isosilabismo: sólo cinco de ellos son heptasílabos: el 1 *(Está dentro del sueño)*, el 2 *(Está en medio del viento)*, el 3 *(Está cerca del miedo)*, el 9 *(Está en Vietnam del Sur)* y el 10 *(Está echado en su lecho)*. Los demás varían: el 4 *(Está rodeado de fuego)* es octosílabo o eneasílabo, según practiquemos o no la sinéresis entre las dos vocales contiguas de *rodeado*; el 5 *(Está en el fondo del mar)* resulta octosílabo; el 6 *(Está con los estudiantes y obreros)*, es endecasílabo aberrante, el 7 *(Está en la bahía de Cienfuegos)*, decasílabo; el 8 *(Está en el quirófano)*, hexasílabo; y el 11 *(Está muerto)*, tetrasílabo. No obstante, estas irregularidades métricas no perturban el riguroso paralelismo del contenido; incluso, subrayan ciertos matices internos de éste.

En cuanto al contenido, se distinguen dos partes en el poema, cada una de ellas con cinco versos (o, si se prefiere, trísticos), y al final el undécimo verso sirve de cierre. Los esticos centrales de la primera parte se corresponden uno a uno con los respectivos de la segunda: los cinco elementos más o menos metafóricos de la primera *(sueño, viento, miedo, fuego, fondo del mar)* contrastan por su sentido, y acaban fundiéndose con los otros cinco elementos, estos concretos y reales, de la segunda parte *(estudiantes y obreros, bahía de Cienfuegos, quirófano, Vietnam del Sur, lecho)*. De esta manera asumen las connotaciones procedentes de los primeros. Y así, el *sueño* del verso 1 viene a identificarse con las esperanzas de *estudiantes y obreros* del verso 6 (¿entenderemos que estas esperanzas las juzga ya truncas el poeta, ya algo sólo posible en el sueño?); el *viento* (el de la libertad) del verso 2 se instala en *la bahía de Cienfuegos* del verso 7 (aunque hoy veamos y sintamos esa localización figurada de la libertad con cierta prevención escéptica); el *miedo* del verso 3 se asienta poderoso (y aquí sin metáfora ninguna, sino con deixis transparente) en *el quirófano* del verso 8; el *fuego* del verso 4 se traslada, realísimo y concreto, al verso 9, y calcina cruel el *Vietnam del Sur; el fondo del mar* (esto es, el de la muerte) del verso 5 se confunde con *su lecho* del verso 10. Tras esta graduada preparación emocional en doble perspectiva, el último trístico (cuyo segundo segmento es tan compacto y breve: *está muerto*) concluye inapelable con la antítesis de los dos participios *muerto* y *abiertos.* Tan escasas palabras consiguen que, paradójicamente, la persistencia en la fe y la verdad, profesadas con ahínco, resuenen sobre el silencio injusto y la obligada muerte, personal e intransferible.

Llegamos al final. Hemos procurado subrayar la continuidad de la intención poética oteriana, tanto en sus procedimientos estilísticos, como en la fidelidad a sus propósitos de ir en busca de la inmensa mayoría. Nos ha interesado señalar la presencia cada vez más frecuente de una sospecha resignada de la inutilidad de los empeños humanos, de la agridulce contemplación nostálgica de la memoria añeja, que, sin embargo, no borran la fe en un porvenir más dichoso para el hombre. Desde su serenidad final, con desasimiento y modestia ejemplares, pero creyendo —o quien sabe si queriendo creer—, Blas de Otero se despide y nos lega su herencia —sus versos— sin ninguna petulancia:

> Esto fue todo. No me quejo.
> Sé que he vivido intensamente.
> (Demasiado intensamente.) Enfrente
> está el futuro: es todo lo que os dejo.

Leído el 18 de julio de 1994 en el *Homenaje a Blas de Otero,* del curso de la Universidad Complutense de Madrid en El Escorial.

CRÍTICA LITERARIA EN LA POESÍA DE BLAS DE OTERO

ADREDE he buscado para mi intervención un tema marginal en la obra del poeta que aquí nos congrega. Las grandes cuestiones sugeridas y expresadas en su poesía han sido ya tratadas desde hace tiempo: su formación y su evolución tan unitaria a pesar de las apariencias; su pensamiento y sus ideales; las intenciones y los procedimientos de su quehacer poético. Todo lo que podemos aportar serán escolios, apostillas, aclaraciones, pequeños hallazgos de erudito en torno y a la vera de su obra ya conclusa. Fijarnos ahora en la actitud de crítico literario de Blas, según se refleja en sus versos, es, sin duda, quedarse en los aledaños de su gran poesía. Pero todos los aspectos de un escritor se interpenetran en sólida trabazón, y más en un poeta como Blas de Otero en el que vida, poesía, sociedad e historia se fundían en bloque difícilmente escindible. Si a partir de un huesecillo el paleontólogo es capaz de reconstruir un esqueleto completo, también estos leves comentarios a las apreciaciones críticas de Otero servirán al propósito de comprender mejor su magna construcción poética.

En rigor, no puede hablarse de Blas de Otero como crítico literario. Sus juicios no provienen de un análisis técnico, profesional, ortodoxo, conforme a presupuestos concretos y consecuentes. Son muestra, más bien, de la primaria reacción intuitiva del lector, si bien de un lector lúcido, sensible y penetrante. Son fogonazos en que la intuición aprieta con breve luz la impresión esencial de obras y autores. Por impresionística que sea esta crítica incipiente, condensada casi en aforismos, no deja de estar orientada por serias preocupaciones y por la concepción rigurosa que de la poesía y la literatura en general tenía Blas de Otero. Sus estimaciones literarias proceden de un conocimiento directo y asiduo de las obras a que alude, y, de otro lado, de las ideas que acerca de la poesía defendía Otero, muy consciente siempre del camino que recorría y de los fines que perseguía. Estos atisbos críticos (y hasta la simple mención de algún autor) ya permiten al menos conocer las predilecciones de su gusto literario y saber hasta qué punto forman parte de la "experiencia lectora" que con la "vivida" constituye el magma de donde brota su propia poesía. Además, esos comprimidos críticos cumplen, en el contexto donde aparecen, una función poética y nunca son elementos pegadizos o accesorios. De la mera mención al comentario, los procedimientos de su crítica varían entre comparación e imagen metafórica, entre aquiescencia y censura, entre examen de la expresión verbal o de los contenidos.

Las preferencias de cualquier lector no se despiertan en exclusiva por los valores propiamente literarios de las obras que lee. La materia humana (intelectual, afectiva o imaginativa) que el escritor transforma en obra poética, puede ser, con independencia de sus aciertos, el factor que atraiga al que leyere. Todos, por lo común, preferimos aquellos autores que nos dicen cosas acordes con nuestra visión del mundo, con nuestras creencias, nuestras esperanzas, nuestras filias y nuestras fobias. Por ello, el éxito o el fracaso de una obra depende tantas veces de motivos extraliterarios. El crítico, claro es, debe desentenderse de esos factores y limitarse a juzgar la obra desde el punto de vista inmanente de lo literario, situándose asépticamente —cuando puede— fuera de condicionamientos ideológicos. Pero el lector corriente, incluido el que como Blas de Otero posea cualidades excelsas, no puede —ni quiere— escapar de ellos. Literatura y vida resultan así inextricables. Y lo eran, sin duda, dentro del hombre Blas de Otero. Eso sí, con clara jerarquización. Con toda la densa carga de lecturas que le nutría, Blas pretendía anteponer la vida, la vida del Hombre. Mientras muchos escritores viven la vida a través de la literatura y la reducen a literatura, Blas de Otero quiso someter ésta a las exigencias de la vida. Es muy explícito al respecto:

> ... Todos son libros, y yo quiero averiguar cómo se salva la distancia ente la vida y los libros. No me digan que éstos son la expresión más certera de la vida, porque temo echarme a reír. A la vida no hay dios que la agarre por el cuello. (HFV 44)
> Si escribo / es por seguir la costumbre / de combatir / la injusticia, / luchar / por la paz, / hacer / España / a imagen y semejanza / de la realidad / más pura. (QTE 35).
> ¿Qué tiene que ver la vida con los libros? / Con esos libros torpes, / miopes de idealismo, / un perro salta y ladra, silba un tren / a lo lejos, / la realidad palpita evidentemente, / entra un obrero / a la fábrica, / nace un estado en África, / cae / un tenedor al suelo, / pero ¿qué tiene que ver la vida con los sueños / borrosos, intentando tapar, / vanamente, el torso de la vida ? (QTE 37).

Tal actitud enlaza con el poema "A la inmensa mayoría" donde expone su conversión: "Aquí tenéis, en canto y alma, al hombre / aquel que amó, vivió, murió por dentro / y un buen día bajó a la calle: entonces / comprendió: y rompió todos sus versos." (PPP 9-10). Aunque ahí afirme "Yo doy todos mis versos por un hombre en paz", la literatura sigue pesando sobre Blas de Otero. Sólo se revuelve contra ella (pero a través de ella) para afirmar su fe en el futuro del Hombre, "al cielo raso / de sombras esas y de sueños esos". Sólo en tales ocasiones sus censuras se basan en presupuestos no literarios.

Y este es el torcedor íntimo en la obra de Otero. Iluminado de pronto por una nueva creencia terrestre, abominando de sus orígenes, decidido a perforar la apática costra de la inmensa mayoría, el poeta no puede, sin embargo, utilizar otro instrumento que la lengua poética, que en paradójica y dolorosa dialéctica rechaza. Escribe en HFV 34: "Aspiramos a la belleza, siempre que no esté en contraposición a la verdad, es un decir a la justicia". Buena muestra de este ánimo es un poema

CARTILLA (poética).

La poesía tiene sus derechos.
Lo sé.
Soy el primero en sudar tinta
delante del papel.

La poesía crea las palabras.
Lo sé.
Esto es verdad y sigue siéndolo
diciéndola al revés.

La poesía exige ser sinceros.
Lo sé.
Le pido a Dios que me perdone
y a todo dios, excúsenme.

La poesía atañe a lo esencial
del ser.

No lo repitan tantas veces,
repito que lo sé:

Ahora viene el pero.

La poesía tiene sus deberes.
Igual que un colegial.
Entre yo y ella hay un contrato
social.

Ah las palabras más maravillosas,
"rosa", "poema", "mar",
son *m* pura y otras letras:
o, a...

Si hay un alma sincera, que se guarde
(en el almario) su cantar.
¿Cantos de vida y esperanza,
serán?

Pero yo no he venido a ver el cielo,
te advierto. Lo esencial
es la existencia; la conciencia
de estar
en esta clase o en la otra.

Es un deber elemental. (QTE 39-40).

Hemos analizado este poema en otra ocasión. Baste aquí
subrayar que para Otero la poesía debe supeditarse a la existencia, a la vida humana colectiva; si bien, como poeta, como
obrero de la palabra, reconoce los derechos de la poesía: creación de palabras, o también, inversamente, producto de las
palabras mismas siempre que sean auténticas. La poesía consiste en la estrecha adecuación de la expresión y el contenido.
Si éste no es sincero ni responde al convencimiento interno
del hombre que canta, la expresión, las palabras, por maravi-

llosas que sean, resultan —dice el poeta— "*m* pura y otras letras", esto es, vacía música celestial sin hueso ni tuétano. Esta actitud se revela en sus estimaciones literarias. Le repele el arte por el arte. Aunque a regañadientes, repudia cuanto, por bella que sea su factura, no manifiesta contenidos sustanciales afines a su ilusionada creencia. Lo cual, empero, no le impidió reflexionar muy agudamente sobre los aspectos formales de la expresión poética. Es cierto que pretendió lo que sentenciosamente afirma en esta breve poética:

Escribo
hablando.

Pero cuánta sabiduría escondida detrás de cada verso, de cada estrofa, de cada poema; cuánta reflexión detrás de la aparente espontaneidad. "Esta es la cuestión —nos dice—: escribir libre, fluida y espontáneamente: al menos, en apariencia" (HFV 35). Y la simple lectura atenta de sus versos descubre la calculada complejidad con la que la lengua domeña el ímpetu intuitivo de la llamada inspiración.

El mismo Otero ha expuesto sus lucubraciones teóricas en los textos incluidos en "Historias fingidas y verdaderas". A través de treinta "prosas", escritas hacia sus cincuenta años, durante su período de residencia cubana, ofrece, como al desgaire, su teoría y su práctica poética, entremezclada con su vida, con la historia, con su fe política y social. Se discute vanamente si estos textos son "prosa" o "verso"; si son "poemas en prosa" o son "prosas líricas". El propio autor escribió: "HFV no son poemas en prosa, sino prosa estructurada en tres partes y seis capítulos, que ordenan varios temas sobre estética, viajes, política..., en un estilo que pudiéramos matizar a un tiempo de clásico e insólito, con una sintaxis peculiar y caracteres diversos, desde el meditativo al humor, un tanto sarcástico a veces". Así es. Pero a pesar de la técnica metafórica de raigambre surrealista que maneja el poeta, de la sorprendente alternancia de planos léxicos figurados y propios; de la sintaxis a veces enrevesada con elipsis, anacolutos, alusiones y elusiones; de los inesperados choques de seriedad y humor; de la fusión simultánea de terca fe en el futuro y escéptico realismo —rasgos todos que convierten una prosa al pronto coloquial y descuidada en un producto lingüístico de ardua complejidad meditada—, se pueden descubrir con claridad los fundamentos de la poética oteriana. Por poner un ejemplo, leamos la "historia" titulada "El verso" (HFV 33):

> Entre la realidad y la prosa se alza el verso, con todas las ventajas del jugador de ajedrez y ninguno de sus extravagantes cuadros. Ni siquiera el soneto, tan recogido él, tan cruzado de brazos. Pues alguien lo acantiló, lo precipitó por dentro, abombando sus límites para que una historia completa cupiera en una palabra tan triste como ésta. Es el verso sin sonido, el verso por sí mismo, sonando siempre que se le tacta con la boca, caso curioso de subsonido, pero evidente y prolongado.
>
> Duerme la rosa, el soldado y sus predecesores. La poesía sólo aspira a esto, a ser presente sin fábula, pero verso sostenido con una mano en el día siguiente. La rosa puede seguir aquí, dejadla hasta que termine de moverse, es una realidad, al fin y al cabo, contradictoria: una traición al tiempo, un poco de polvo iluminado.
>
> El verso es distinto, ni realidad encogida ni prosa en exceso descalabrada, de un solo verso nacen multitud de paréntesis, soldados y otras cuestiones. Respetemos al niño que berrea, a los poetas de antes de la guerra, ignoro a cuál me refiero porque todas trajeron multitud de vates nuevos, mesas redondas y una causa que permanece aún en entredicho, la paz, ante todas las cosas. Para algo ha de servir un renglón, acto y seguido de muchas obras públicas, una revolución tal vez aunque todavía desconozcamos la forma de abordarla.

La elocución de Otero es llana y de corrido, con una selección léxica nada rebuscada. Pero el texto resulta difícil de comprimir en términos lógicos, porque ¿qué sugieren "el jugador de ajedrez", "sus extravagantes cuadros"?, ¿qué relaciones engloban a "la rosa, el soldado y sus predecesores", y cuáles son éstos? y ¿a qué se refiere con los "paréntesis, soldados y otras cuestiones"? A pesar de ello, no creo que quede oculto el sentido que quiere transmitir el poeta. Por de pronto, se oponen dos conceptos: realidad y prosa. La realidad consiste en lo que existe: la circunstancia, que no sólo es lo que rodea al hombre, sino que incluye a éste. La llama "realidad encogida" porque su verdadera esencia se oculta y hay que descubrirla. La prosa intenta en vano desvelarla, pero lo que consigue manifestar es sólo pálido y "descalabrado" remedo de la realidad. Piensa el poeta que hay una instancia superior entre realidad y prosa, algo que como la prosa se haga patente, pero que capte con mayor precisión la secreta realidad esencial y sea expresión de ésta. Es el verso. Otero lo entiende como una realidad por sí mismo, más alta o más profunda que la misma realidad. Con técnica metafórica, en cierto modo contradictoria, el verso se describe "sin sonido", pero "sonando siempre que se le tacta con la boca". El verso es puro contenido que abarca la realidad esencial, algo latente que suena sólo cuando se profiere, cuando se manifiesta en la expresión; por ello es un "caso curioso de subsonido, pero evidente y prolongado". La realidad, como la rosa, duerme y puede quedar aquí "hasta que termine de moverse"; es "un poco de polvo iluminado". Sin embargo, el verso es potente ("de un solo verso nacen multitud de paréntesis, soldados y otras cuestiones"), es un "presente sin fábula", sostenido hacia el día siguiente, siempre vivo y perdurable. Mientras los poetas se agitan en inocuas mesas redondas, mientras "permanece aún en entredicho", sin resolver, la causa fundamental, la paz, "para algo ha de servir" el verso. Bajo lo aparente, anteponiendo su fe social de converso, Otero se aferra todavía a lo estético. Es la "velada paradoja" que ha estudiado Barrow. Expresar en prosa la realidad luminosa que aspiraba a instaurar Otero le hubiera llevado a escribir sólo panfletos, soflamas y arengas propagandísticas. Pero ante él y dentro de él se alzaba el verso: la exigencia de transformar, con los elementos de la expresión lingüística, esas sustancias que quería comunicar; hacer que el verso suene, que "esté bien dicho" aunque lo que diga éste sean "monsergas". Su disciplina partidista nunca le impulsó a renunciar a los requisitos poéticos. Los deberes que imponía a la poesía el contrato social del poeta con ella, no impidieron nunca que cumpliese con los derechos exigidos por ella, según confiesa en la "Cartilla" antes leída. Su obediencia a la poesía era la razón de ser de Blas de Otero, aunque su razón de vida fuese su nueva fe social: sin aquella nunca hubiera podido cumplir con ésta. Y es consciente de ello, y se esfuerza en analizar minuciosamente (aunque lo exprese con metáforas) los entresijos de la creación poética, incluso en los detalles que podrían llamarse procedimientos de técnica métrica. En el mismo texto leído, se describen agudamente las virtudes y características del soneto, "tan recogido él, tan cruzado de brazos". En efecto, el soneto es una estructura rígida, contenida, pero Otero ve bien que el poeta hábil puede moldearlo y transformarlo interiormente con matices variadísimos. Recuérdese: "alguien lo acantiló, lo precipitó por dentro, abombando sus límites para que una historia completa cupiera en una palabra tan triste como ésta". Porque Otero conocía "Su íntimo secreto", título justo de este soneto:

> El soneto es el rey de los decires.
> Hermoso como un príncipe encantado,
> como una banda azul, cuadriculado
> para que dentro de él ardas, delires.

Es preciso que bogues raudo y gires
entre sus olas y su muelle alzado:
quede tu pensamiento destrozado
cuando te lances de cabeza y vires.

Yo tengo en cada mano un buen soneto,
como dos remos de marfil y oro.
Yo conozco su íntimo secreto.

Es un silencio pronunciado a coro
por un labio desnudo, blanco, inquieto
y otro labio sereno, abril, sonoro. (TMS 116)

Y es lo que expresa contundentemente en otro pasaje:
"Porque el verso se hizo hombre no quiere decir que cualquier ciudadano alcance el don" (HFV 34).

* * *

De lo dicho hasta ahora se desprende que Blas de Otero,
pertrechado de un acervo copioso de lecturas, a las que aplica detenida y buida reflexión, y atento y nunca ingenuo co-
nocedor de los procedimientos de la lengua poética, no podía
quedarse en mero lector intuitivo. Sus opiniones sobre la literatura, como las de cualquier crítico literario, proceden de
madurada y consciente cavilación sobre las primeras y espon-
táneas intuiciones. Hubiera podido ser un excelente crítico.
Pero fundamentalmente era poeta, y, hasta si se quiere, sólo
poeta. No da a conocer sus juicios literarios por afanes objetivos y científicos, sino como precipitados de la elaboración
poética, que utiliza sólo como piezas idóneas en el contexto.
Con todo, vamos a ver cómo, independientemente de su función en el poema, esas estimaciones encierran en general muy
justas y precisas apreciaciones críticas.

Sin pretensión de agotar el tema nos detendremos en el
examen de algunas de las valoraciones que Blas de Otero
otorga a obras y a escritores. Citas de estos son numerosas en

sus versos: recordemos, por ejemplo, el volumen que tituló *Poesía con nombres,* aunque no todos los de su nómina sean escritores.

Cualquier lector de Blas de Otero puede darse cuenta de las huellas que la poesía tradicional —romancero, cancionero y, más cerca, copla popular— ha dejado en sus versos: citas, adaptaciones, glosas, transformaciones de esas obras anónimas pululan a menudo, como homenaje de reconocimiento a la sencilla y profunda gracia depurada a lo largo de la transmisión tradicional, y como muestra fehaciente de que la inmensa mayoría, a quien se dirige, da en el clavo del acierto poético. Es lo que deja traslucir Otero al comienzo del soneto "Ayer mañana", título bien expresivo de esa continuidad del Hombre desde el pasado hasta el futuro:

> La primera palabra está escondida
> en la boca del pueblo: el romancero
> y el cancionero popular: Prefiero
> este hontanar con agua reunida. (TMS 119).

Idea que se repite en "Palabras reunidas para Antonio Machado" (EC 102) ... estoy / oyendo el lento ayer: / el romancero / el cancionero popular...

y en **PCN** 13:

> No hablo por hablar. Escribo
> hablando, sencillamente:
> como en un cantar de amigo.

Ese "hontanar con agua reunida", "el lento ayer" que oye el poeta y prefiere, es el modelo primero. Otero trata de escribir hablando, sencillamente como en un cantar de amigo. Y en fin, recuerda (QTE 175)

una voz por el aire,
letra simple, tonada popular...
... son los labios que alabo
en la mentira de la literatura,
la palabra que habla,
canta y se calla...

Notas bien precisas todas: agua de un hontanar perenne, que fluye y luego se reúne desde el lento ayer; que habla sencillamente, lejos de toda afectación libresca, palabra pura, por ello poética, que canta y que calla a tiempo, pero dejando la vibración perdurable de su autenticidad humana, escondida en la boca del pueblo. Y Blas de Otero puede decir como Augusto Ferrán, cuyas palabra cita: "he puesto unos cuantos cantares del pueblo..., para estar seguro al menos de que hay algo bueno en este libro".

Hay menciones más o menos amplias de obras medievales. Algunas, de pasada, y traídas a colación por otros autores cuya interpretación recoge y suscribe Blas. Así, Berceo, a través de Machado, como ingrediente del lento ayer:

Ahora,
removidos los surcos (el primero
es llamado Gonzalo de Berceo),...

Otras son simples citas aducidas para autorizar lo que el propio Otero dice. Así (en HFV 83): "¿Acaso la guerra es sólo un capítulo repetido de nuestra ardua historia? Más vale perder la memoria que la tierra. Ya en un códice de mediados del siglo XIII pueden escucharse estas palabras", y cita la estrofa 1633 del *Libro de Alexandre*:

Los omnes de la tierra al que les es estraño
en cabo del fossar lo echan orellano;
danle como a puerco en la fuessa de mano;
nunca más dize nadi: "Aquí yaze fulano".

También se incluye en el "lento ayer" tradicional y perdurable a Juan Ruiz. Fugazmente, en el poema "Cantar de amigo" (ENEL 97), surge escueta calificación:

> ...verso pimpante del Arcipreste...

Con un solo adjetivo; *pimpante*, caracteriza Otero la obra de Juan Ruiz, indicando la ufanía, el garbo, el jocundo tono del Libro.

De toda la literatura medieval es Jorge Manrique el autor más profusamente mencionado. Omitimos la utilización que Otero hace de sus versos y sus imágenes —tal la del río de la vida— que refunde y aprovecha para el particular fin de cada poema. En una de las "prosas" de HFV, 65, explícitamente titulada "Tan callando", se lee:

> ¿Has leído unas coplas que hablan del rocío de los prados, las verduras esas tal vez aledañas a Paredes de Nava? No te aconsejo. Son la imagen de un corazón velado por la muerte. Y tú, pregúntale si tanto signo de interrogación no asemejan corolas, tallos cabeceantes...

Y en otra (44) se agrega:

> ... me refiero a la lozanía y todo eso que tan bellamente lamenta Manrique en la copla del río. Pero agua pasada no mueve molino, y a qué venir con monsergas que de no estar tan bien dichas, te juro por mi madre las hubiera arrojado hace tiempo al fuego.

Más parco, constata (43):

> ... un son recio o sereno en la voz de Manrique, que me pone pensativo.

donde se repite lo dicho en EC 102 (ER 121): "el recio son de Jorge Manrique". Justos adjetivos, o adverbios, se aplican a la poesía del palentino: *recio, severo*. La *bella* factura de sus coplas *tan bien dichas*, y que le ponen *pensativo*, representan las razones por las cuales no las condena, aunque el contenido manifestado sea incompatible con su fe social, simples "monsergas" para ser arrojadas al fuego. Otero ha decidido dejar de ser "un corazón velado por la muerte" y rechaza "tanto signo de interrogación" sobre el agua pasada, que por ello ya no puede mover el molino de su proyecto de renovación hacia el futuro, signos de interrogación que semejan coronas fúnebres, *corolas, tallos cabeceantes*. Pero el *recio son* salva y hace perennes esas coplas. En ellas se basa, al inquirir nostálgico lo que antecedió al presente hórrido, para uno de los poemas de *Hojas de Madrid* (ER 289-290), el titulado "Túmulo de gasoil", que se inicia bien manriqueñamente:

> Hojas sueltas, decidme, ¿qué se hicieron
> los Infantes de Aragón, Manuel Granero, la pavana para
> una infanta.

y que termina también con referencia a las coplas mientras considera el "inefable Madrid, infestado por el gasoil, los yanquis y la sociedad de consumo":

> ciudad donde Jorge Manrique acabaría por jodernos a todos,
> a no ser porque la vida está cosida con grapas de plástico
> y sus hojas perduran inarrancablemente bajo el rocío de los prados
> y las graves estrofas que nos quiebran los huesos y los esparcen
> bajo este cielo de Madrid ahumado por cuántos años de quietismo,
> tan parecidos a don Rodrigo en su túmulo de terciopelo y rimas
> cuadriculadas.

Aquí importa realizar la perspicacia imaginativa con que caracteriza Otero las coplas: son graves estrofas que quiebran nuestros huesos; nuestro pensamiento quedaría en un quietismo, ahumado como el cielo de Madrid; quietismo como el de don Rodrigo: la ciudad en su túmulo de gasoil, don Rodrigo (y todo lo que representa) "en su túmulo de terciopelo y rimas cuadriculadas". La imagen está sugerida por las notas de suave y recia gravedad del terciopelo y de las coplas, por la sobria y rigurosa sencillez de las rimas "cuadriculadas". De nuevo, se opone aquí el sentimiento de adhesión estética a la obra de Manrique contra las exigencias hacia el futuro de la vida, según la fe de Otero: por debajo del *rocío de los prados* (como resumen de la fugacidad de lo humano) y de la gravedad del pensamiento, persisten las hojas de la vida hacia adelante, *inarrancablemente*. Esta contradicción ha quedado plasmada en un poema donde el poeta se dirige a sí mismo, nuevo claro varón que, en lugar de derramar sangre como don Rodrigo, sitúa sus esperanzas hacia el mañana:

COPLAS DEL RÍO

Recuerde el alma dormida
el río que con paso casi humano,
enfurecido de aridarse en vano,
desembocó en la vida.
Esta es, así era el sitio, el agua
que ni varió de limpio ni de río,
hoy como ayer, ayer como fontana
y hoy como nunca de galán crecido.
Y pues vos, claro varón, tanta esperanza
y aun más, y mayor fe que don Rodrigo
Manrique, hoy acodáis hacia el mañana,
andad en paz
                    apacentando el trigo... (ENEL 131).

Abundan las menciones de escritores del siglo de oro: Garcilaso, Santa Teresa, Luis de León, Juan de Yepes, Cervantes, Góngora, Lope, Quevedo... Las opiniones de Otero aparecen a veces muy al sesgo. Garcilaso deja huellas en sus versos en algunos casos (por ejemplo en el soneto "Égloga",

TMS 130) y es uno de los poetas que figuran en el breve elenco de "La compaña" (HFV 43):

> Hay una delicada mano que repasa los versos de Garcilaso...

La delicada mano es precisa alusión a la sencillez musical y persuasiva del poeta toledano.

Santa Teresa es evocada, junto a San Juan de la Cruz, ya en el juvenil "Cántico Espiritual" de 1942 (p. 29 "Mi frailecico"), y ambos reaparecen invocados como posible auxilio en el poema "Con los brazos incendiándose" (ENEL 108):

> —Juan de Yepes,
> Teresa de Cepeda,
> ¿no podéis hacer algo por nosotros?

No hay ahí ninguna valoración literaria, sino pura apelación pragmática. Pero en HFV 32, y en contraposición con Góngora, se encuentra leve referencia al estilo teresiano:

> Sabido es que hay dos tipos de escritura, la hablada y la libresca. Si no se debe escribir como se habla, tampoco resulta conveniente escribir como no se habla. El Góngora de las *Soledades* nos lleva a los dictados de Teresa de Cepeda. Sin ir tan lejos, la palabra necesita respiro, y la imprenta se torna de pronto el alguacil que emprisiona las palabras entre rejas de líneas.

De acuerdo con sus afanes, el poeta reconoce que Teresa escribía como hablaba. En otra "historia" (HFV 69), dice Otero:

> Cantaban las niñas los versos de Santa Teresa, aquella buena mujer que tenía tantas ganas de vivir que veía visiones y oía voces que bien entendidas querían decir

esto que se oye tanto por aquí: *los niños nacen para ser felices*.

Desde la postura puramente humana de Otero, que elimina toda trascendencia celestial, capta con simpatía la alegría vital de la Santa y traduce su código místico del más allá en el terrestre y cotidiano del más acá.

De San Juan de la Cruz, glosado y caracterizado con emoción y justeza en el "Cántico Espiritual", perduran rastros más o menos subrepticios en la poesía posterior de Otero. Pero son vestigios puramente literarios; los contenidos del carmelita sólo se perciben en el primer libro de Otero, donde le aplica ciertas notas adecuadas:

> Mi dueño es muy pequeño,
> mas tiene voz de rosa
> cuando del alma el canto le rebosa...
> ...el alma se recoge y empavesa...
> ...él tiene una fontana
> tan rica de venero,
> que en ella me adolezco y peno y muero... (pp. 29-30)

Tan alejado por los contenidos está fray Luis de León. Sin embargo, su ejemplo literario es constante en Otero, desde sus comienzos. En la citada "La compaña" de HFV 42, es su nombre el primero:

> La palabra de fray Luis de León me alimenta como un
> pan principal, gobierna mi garganta, escueta y tangible.

Igualmente en el soneto "Ayer mañana" (TMS 119) se consigna:

> Luego viene fray Luis, con recia brida
> tirando de su labio verdadero.

E insiste en otra parte (ER 121): "la palabra cabal de fray Luis".

Son innumerables los pasajes en que se reconfiguran versos y expresiones de Luis de León. Los rasgos que en él admira Blas de Otero no son sólo literarios. El temperamento, retenido y silencioso, con intensa carga emocional represada, si bien destinada a fines concretos diferentes, los convierte en almas afines. La primordial atención a la palabra exacta y sobria, la disciplina estética del lenguaje, la sincera tendencia a manifestar la verdad caiga quien caiga, son actitudes comunes. Lo reconoce Blas: fray Luis es su alimento, su pan auténtico; es concreto y tangible, es escueto y preciso; gobierna la pasión con recia brida, reteniendo los ímpetus de su labio verdadero. Equilibrio de pasión y razón. Y de ahí la palabra cabal de fray Luis, la cual asume en su actitud Blas de Otero. Se trasluce en un soneto, de inconfundible título luisiano: "Por sabia mano gobernada" (TMS 114):

> Serenidad, seamos siempre buenos
> amigos. Caminemos reposada-
> mente. La frente siempre sosegada
> y siempre sosegada el alma. Menos
>
> mal que bebí de tus venenos,
> inquietud, y no me supiste a nada.
> El aire se serena, remansada
> música suena de acordes serenos.
>
> No moverán la hoja sostenida
> con mis dedos, a contra firmamento
> en medio del camino de mi vida.
>
> Vísteme de hermosura el pensamiento,
> serenidad, perennemente unida
> al árbol de mi vida a contra viento.

En el soneto "Ayer mañana" (TMS 119), se menciona a continuación a Quevedo:

> ... y Quevedo, chascando el verso, fiero
> látigo relampagueándole la herida.

Las notas descriptivas de la poesía quevedesca reaparecen con ligeras variaciones en otros pasajes:

> ... el chasquido de Quevedo (ER 121)

Cenicienta y otras veces de púrpura, rasga la página el chasquido de Quevedo, sarcástico, roído por el paso del tiempo. (HFV 43).

Entre la ceniza estoica de las ultimidades y la púrpura barroca del concepto, sitúa Otero a don Francisco cabalgando desde la cuna a la sepultura, chascando con violencia el látigo de su palabra, herido por la herida de la fugacidad y roído por el paso del tiempo.

El caso de Cervantes es distinto. Cuántas menciones, y cuántas variadas alusiones, refundiciones, aprovechamientos y hasta reconvenciones a sus palabras. Y cuántas veces don Quijote y Sancho surgen como símbolos, modelos que seguir o ejemplos que evitar. Ciñéndonos a lo que puede considerarse opinión literaria, destaquemos esta afirmación impresionista:

> Cervantes
> escribe como los ángeles
> y responde como los hombres

inserta en el curioso collage "La muerte de Don Quijote" (QTE 131-134). Otero admiraba el estilo de Cervantes y creía que su pensamiento se guiaba por afanes de humanidad. Pero, con título cervantino y desde su nueva fe, rehuye el idealismo y la resignación y conformidad del caballero y de su autor (QTE 123):

Cervantes. Don Quijote de la Mancha.
Dos caballeros y un solo destino.
Ilusión, ardimiento y esperanza.
Al final, humo al viento diluido.
No escribas más. Adéntrate en el alba,
prosigue silencioso tu camino,
pero no escribas más. Deja que el hacha
caiga a su tiempo sobre el tronco erguido.
Oh soledad del hombre ante el fracaso.
Oh herida pluma en pleno altivo vuelo.
Oh corazón de pena y desamparo.
Cervantes. Don Quijote de la Mancha.
Atrás, ídolos rotos, caballeros
caídos en el centro de la página.

Aunque aparta del "centro de la página" a los dos caballeros, Blas de Otero resume en tres condensados versos, con simpatía y dolor, la sustancia esencial del mensaje cervantino: soledad del fracaso, vuelo herido, orfandad del corazón.

Del siglo de las luces se citan autores: Cadalso, Jovellanos, Cienfuegos, pero no hay más que una breve alusión interpretable como juicio literario. En una de sus últimas "prosas", titulada "La extraña" (ER, 261) escribe Otero:

Es una rosa roída por el céfiro, como decían los del XVIII.

El único sustantivo *céfiro* caracteriza sumariamente toda la poesía neoclásica, tan contenida, tan modosa y arreglada.

Del siglo XIX, antes del modernismo y del 98, aunque se cita a Galdós, sólo hace Otero apreciaciones literarias sobre Espronceda, Bécquer y Rosalía de Castro. En el poema "El obús de 1937" (de *Hojas de Madrid* pero incluido en *Mientras* 126, ER 247 y en PCN 75), escribe, aprovechando algunos versos de Espronceda y Bécquer:

Sentado en la banqueta de madera, sobre la mesa de pintado pino
      melancólica luz lanza el quinqué,
según atestigua Espronceda.
Gran poeta el intrépido Espronceda.
Interesante muchacha la Teresa, que se ganó un apasionado camafeo
      de octavas reales
que no se las salta un torero.
Espronceda poeta social de las cocinas y de las barricadas.
Bravo Espronceda, delicada media verónica de Gustavo Adolfo
      Bécquer.
Dios mío, qué solos se quedan los muertos.
Un muerto en la cocina es algo perfectamente serio.

Aprecia a Espronceda; con cierta mezcla de humor, lo
califica de intrépido, de poeta social de las cocinas y de las
barricadas, y resume algo irónicamente el *Canto a Teresa* como un camafeo cuyas octavas "no se las salta un torero".
Hay en este juicio, que supone el reconocimiento de Espronceda como lírico, una velada censura a su apresuramiento irreflexivo y a su difusión. La alusión algo jocosa del
torero concuerda con otros términos taurinos: *intrépido* y
bravo es Espronceda. Y siguiendo en ese tono, si bien corre-
gido con el adjetivo *delicada*, caracteriza escuetamente la
poesía en apariencia sencilla de Bécquer: "delicada media
verónica".

Es mucho más explícito Otero cuando habla de Rosalía
de Castro, a la cual también glosa en otros versos. Recordan-
do de nuevo el soneto "Ayer mañana" (TMS 119) tras la mención de la poesía tradicional, de fray Luis y de Quevedo, sigue:

      Y viene Rosalía, estremecida
      como niebla en el valle: una campana
      tañe en la lontananza, dolorida.

Luego, en una de las "historias" (HFV 45), escribe:

... por qué no nos habla de E. A. Poe, o de César Vallejo, o simplemente de Rosalía de Castro, una de nuestros mayores poetas, de los tres o siete que estremecen la historia de la literatura gallega, catalana, española —¿qué es esto?—, y dejémonos de boberías que escribir como ellos le cuesta a uno la vida.

En fin, la titulada "En terr'allea" (HFV 46) la dedica íntegra a Rosalía. Subrayemos algunas frases:

> Una mujer escribe febrilmente en su tierna lengua vernácula... hablando en lengua extraña, infunde un temblor que entienden las flores y las fuentes y los pájaros...

Estremecimiento, niebla, dolor y temblor febril, melancolía de lluvia, valles, flores y fuentes. Todo ello, para Otero, convierte a Rosalía en "una de nuestros mayores poetas". Escribir como ella "cuesta a uno la vida".

Se halla alguna referencia a los del 98. Casi siempre de refilón, como a Valle-Inclán (HFV 82), y, con más atención al fenómeno literario, a Pío Baroja (39):

> Se dice pronto, pero muy pocos saben lo doloroso que resulta escribir con cuidado, el tiempo tan valioso que perdemos, cuánto mejor pasear sin rumbo, callejear sin prisa, dejando que pasen las horas, las librerías, el cartero, entrar en un cine de barrio y recordar de pronto la manera de escribir de Pío Baroja...

El juicio es bastante elusivo: el estilo de Baroja parece equipararse a pasear sin rumbo, sin prisa, atento a cualquier cosa, evitando "lo doloroso que resulta escribir con cuidado" y perder un tiempo valioso. ¿Elogia o no a Baroja? Al final de esta "historia" parece decidirse:

> ... pero la pureza del idioma es igual a la de Clotilde, que cada uno la utiliza a su manera y lo mejor es no hacerla mucho caso...

En el romance "Calle Miguel de Unamuno" (QTE 139) critica con ironía la actitud ambigua y sucesiva de Bilbao hacia Unamuno. Adhiriéndose al busto y a la calle que se le dedican, Otero manifiesta, de pasada, su escasa afinidad con su gran coterráneo:

> De todas formas, ya saben
> que, aunque no me gusten mucho
> su poesía —a pesar
> de lo que crean algunos—;
> ni tampoco sus ideas
> —son ideas de lechuzo—,
> me adhiero con toda el alma...
> ... igual que un cartel al muro,
> a la estatua y a la calle,
> calle Miguel de Unamuno.

En las HFV 79, reaparece con más precisión este juicio adverso de la poesía de Unamuno y de sus preocupaciones escatológicas:

> ...la calle de Ronda, donde nació ese hereje tan religioso de Miguel de Unamuno y Jugo. A quien no amo ni estimo a no ser que hubiese visto la luz de las antípodas (o vislumbrado, al menos), hubiese filosofado sin tanta carraca y aprendido simplemente lo que es un poema, un simple verso que se moviese por sí solo.

Ya en otra parte me he referido a esta manía antiunamunesca. Soy de esos algunos a que alude Blas en el romance. No pienso que apreciase su poesía, sino que hay puntos de contacto entre ambos. Al principio Blas también se preocupó de esa carraca insistente de Unamuno. Ambos fueron kostkianamente creyentes en su adolescencia. Cuando los invadió la duda, don Miguel se buscó una ficción, la de querer creer, para salvar su persona intransferible; Blas se pasó a otra creencia en que el yo resulta soluble en el nosotros. Sin duda, en sus logros poéticos ambos se distinguen: frente a la dureza a veces chirriante de don Miguel, la prodigiosa flexibilidad de Otero. Cuando éste aparece al público, llevaba entrenándose en el ritmo poético casi desde la infancia. A don Miguel le sobrevino la vena poética ya cuarentón, duro de oído y adiestrado en lecturas italianas e inglesas. Otero, al juzgar a Unamuno, es parcial, aunque no carece de razón.

Rubén Darío es glosado varias veces, por ejemplo en la *Cartilla* citada o en "Tabla rasa" (AC 147, PCN 24, ENEL 79). No obstante, sólo se encuentra una calificación de su personalidad en HFV 44, donde sólo se dice: "y este niñón de Rubén Darío".

Los dos poetas fundamentales del principio de este siglo, Juan Ramón Jiménez y Antonio Machado, han aportado muchos elementos en la poesía de Otero. Este es parco en juicios respecto del moguereño. Por ejemplo en HFV 41 leemos:

> ¿Por qué rompiste tantos versos? Sólo ha quedado la carretera de Barambio, usted miró desde la ventana y se sentó luego en una silla que olía a cerezo: tomó un papel amarillo y leyó a media voz unos versos que tenían algo de *Pastorales*, aquel libro que pidió un poco ansiosamente en una triste biblioteca municipal.

Ahí sólo se descubre la admiración inicial por Juan Ramón, que influyó en sus primeros versos.

En cambio, Antonio Machado es compañero continuo, por sus actitudes, por su obra; lo refunde y lo glosa, y deja constancia de su valor como hombre, como poeta. Lo cita escuetamente en el soneto "Ayer mañana". Hace un retrato penetrante y conciso en el poema

CON NOSOTROS
        (Glorieta de Bilbao)

En este Café
se sentaba don Antonio
Machado.
        Silencioso
y misterioso, se incorporó
al pueblo,
blandió la pluma,
sacudió la ceniza,
y se fue...

Y la misma estimación de su comportamiento se refleja
en una prosa de HFV 44-45:

> ... Una lenta pena latía en el fondo: nuestro más noble,
> nuestro más querido poeta quedó allí, serenamente fiel
> hasta su final... Todos miran, desean, exigen el retoñar
> de un tronco único. Abierto al libre aire de una justi-
> cia ineludible. Como lo soñó siempre don Antonio Ma-
> chado.

Más cerca del juicio literario, el poema "In memoriam"
(QTE 137) incluye estas notas:

> ¿Dónde tus pasos graves, tu precisa palabra
> de hombre bueno?

Y en otro poema, con lema del propio Machado (dí, ¿por
qué acequia escondida, / agua, vienes hasta mí?), también de
QTE 55, nos parece que Otero traza una figuración transparente de la poesía del sevillano:

> Figúrate una fuente
> en un valle verde, balbuceando
> siempre lo mismo, siempre

diferente, frases
fugitivas, corrientes,
es un espejo que anda,
una verdad que parece
mentira que no la escuchen
los que de verdad entienden
de fuentes de poesía
y de palabras corrientes...

De los poetas posteriores, Otero cita y aprovecha sobre
todo a los que en cierto modo han compartido su fe y sus esperanzas. García Lorca, como enseña de una postura, resulta
bien reflejado en sus rasgos de espontaneidad y virtuosismo.
En el poema "Recuerdo que en Bilbao" (PCN 93), queda
Lorca retratado con detalles reiterados: "apareciste tal un niño con la cara terriblemente seria"; "Mas no hay paz todavía
/ no podrá haberla en tanto tus huesos no resuciten / en la
tumba de la luna, / donde tú, niño terriblemente serio, / después de expulsar a los astronautas de tu *Poeta en Nueva York*,
/ te asomas a la ventana abierta del aire / y ves / un niño co-
miendo naranjas / un segador segando / y a todos los que aquí
estamos intentando borrar la sangre / y escribir con tu sonri-
sa escandalosa / rodeada de banderas blancas / verdaderamente blancas / verdaderamente rojas / verdaderamente verdaderas".

Rafael Alberti, León Felipe, Pablo Neruda, César Vallejo, después Gabriel Celaya, surgen en los versos de Otero con
frecuencia. Son homenajes, dictados más por la comunidad
de intenciones que por un propósito de juicio literario. Destaquemos las consideraciones que sobre su gran amigo Celaya escribe en HFV 47:

Y ¿cuál es la poética de Gabriel Celaya? La que le da la
gana, es decir, la de hoy. Me preguntaréis entonces para
qué sirven fray Luis de León o este mismo fray Luis de

León cuando dice que los moros han establecido sus bases en España o sea: unas simples liras, pero tan bien hechas, que parecen del siglo XX y aún del XXI (que se creen ellos eso). Yo les respondo que todo sirve, que toda poesía —dijo Paul Eluard— es de circunstancias.

* * *

No prolongaremos más este examen. Hemos omitido las opiniones sobre escritores en otras lenguas (Poe, Aresti, Whitman, Baudelaire, Rimbaud, Mallarmé, Rilke, Maiakovski, Hikmet, etc.). En conclusión, hemos visto que —aparte influencias— Otero aprecia los autores en que encuentra consonancias con sus afanes. Esta prioridad, sin embargo, no le impide discernir los valores literarios. Le guía constantemente el criterio de la bondad del producto artístico. Y aunque brevemente, y, a veces, de soslayo, acierta en sus juicios, con gracia y agudeza. No se explaya, pero observamos que lo que dice es consecuencia de una tamizada meditación de las obras y los autores aludidos; nunca habla a humo de pajas. Podrá pensar alguno que las estimaciones de Otero adolecen en ocasiones de partidismo. No lo negamos. Pero nunca Otero dejó de reconocer los valores reales de autores con cuya fe no comulgaba. Sus juicios son globales y abarcan la totalidad de la persona del escritor mencionado. Se fija en la sustancia que ha sido conformada literariamente; cuando no concuerda con ella, sin embargo, es capaz de resaltar sus méritos poéticos en el plano de la expresión. Y esta gavilla de opiniones de Otero, creemos que, según dijimos, puede servir de introducción al estudio más minucioso de lo que tradicionalmente llamamos fuentes literarias: el conjunto de experiencias de lectura que en todo escritor constituye, si no el humus, sí el abono de sus particulares hallazgos poéticos.

En fin, queda claro que esta nómina de obras enjuiciadas por Blas de Otero representa la cadena humana que desde el "lento ayer" conduce al luminoso mañana en que con tanta fe y constancia esperaba el gran poeta bilbaíno. Él se pensaba un eslabón transitorio en esa secuencia:

> Serenamente. Como un cardo en flor.
> Viendo pasar los ríos y las nubes,
> hacia la muerte en cauce de dolor (TMS 117),

pero, resignado, tranquilo, creía que

> La vida
> sigue, otra voz resonará mañana... (TMS 119).

Publicado en *Al amor de Blas de Otero,* ed. J. A. Ascunce, Universidad de Deusto, San Sebastián, 1986, pp. 43-60.

APÉNDICE

Lo que no se ha dicho sobre Blas de Otero

por ☐☐☐☐☐☐ ☐☐☐☐☐☐☐ ☐☐☐☐☐☐ [1]
Catedrático de Literatura Española de la Universidad de Oviedo

El poeta Blas de Otero ha pronunciado, el pasado viernes 16, un recital poético en el Aula Magna de la Universidad. Según crónicas periodísticas, se lamentaron numerosas ausencias al citado acto entre las que he de confesar que se encontró la mía.

El asunto carecería de mayor importancia si a dicho recital, que resultó de un anodino aburrimiento, según la mayoría de las versiones, no se le quisiera glorificar *a posteriori* como de trascendente acontecimiento de cultura por algunos elementos afines a la postura y pensamiento del poeta.

---

[1] Siguiendo la sana práctica antigua de la *damnatio memoriae,* suprimimos el nombre del autor de este instructivo escrito, publicado el 23 de marzo de 1956 en el diario de Oviedo *La Nueva España* (órgano entonces del Movimiento Nacional).

Por ello, y aunque la cuestión es trasnochada y no merecía el interés de un comentario, me parece sin embargo útil aclarar algunos puntos, partiendo de la justificación de eso que pudiese llamarse mi "no asistencia a clase" en la referida ocasión.

Pues bien; la razón principal es tan simple como poderosa y admite una expresión, si bien poco académica, radical y clarísima:

"Me asquea la poesía de Blas de Otero".

Y adviértase que he dicho la poesía de Blas de Otero eligiendo un sofisma muy útil, que pretende aislar a la persona del autor de sus penas o glorias creadoras; al escritor de la obra; cual si ésta no se prohijara de forma sustancial al hombre que la hace. Pero es una costumbre...

Los motivos de esta fundamental repulsa son de igual modo sencillos y palpables. Muy numerosos en detalle, pero reductibles a dos, que son aquellos mismos que presiden el pensamiento del poeta. Porque la doble tesis inicial que Otero nos propone es la siguiente y nadie le negará ambición y osadía: hay que acabar con Dios y con la España de hoy.

No se me oculta, claro está, la gravedad de tal afirmación, que por cierto no haría si no fuese igualmente grave y verdadera la intención que he citado.

Y como pruebas son amores, vamos a ellas, pero teniendo en cuenta que la calidad de los testimonios de Otero es poética, vale decir, que cabe al autor desmentir, desdecir, lo que su poesía externamente expresa, aunque sería difícil esperar de él una contradicción atentatoria contra su propia obra. Pero podría hacerlo.

Hasta llegar a la eliminación de Dios este poeta atraviesa unas fases que podríamos llamar "preparatorias" y contenidas en sus primeros libros. El proceso no nos interesa y el resultado sí: Blas de Otero ha llegado al total ateísmo y la solución a su problema personal si no demasiado nueva, es respetable para todos. "Murió por dentro", "echó la noche por la borda" y se quedó "al cielo raso de sombras esas y de sueños esos". No debe ser muy distraída, pero es una situación tan admisible como dolorosa.

Pero al ateo le resulta muy duro aceptar la postura pasiva y se hace combativo, misionero de "la nada", cuando no lucha, paradójicamente, con ese propio Dios en quien no cree:

> Déjame ¡Si pudiera yo matarte,
> como haces tú, como haces tú! Nos coges
> con las dos manos, nos ahogas. Matas
> no se sabe por qué. Quiero cortarte
> las manos. Esas manos que son trojes
> del hambre y de los hombres que arrebatas.

Blasfemias incluidas, la postura es antigua y recorre en Otero los trámites tradicionales: el ateo se convierte anti-teo y concluye con ataques, violentos y públicos, al diario religioso y a la Iglesia visible. El autor se erige en apóstol de la incredulidad en todo lo trascendente y se enquista en el mero hombre sin supervivencia.

> Morir es ir donde no hay nadie, nadie, nadie...
> ....
> Posteriormente entramos en la nada
> ....
> Silba a los cuatro vientos del olvido
> a ver si vuelve Dios. A ver qué pasa.
> ¡Qué va a pasar! Silencio a martillazos
> ....
> Los hombres sufren. No tenemos
> ni un trocito de Dios con que ayudarles.
> ....
> Yo ya ni sé, con sombra hasta los codos
> por qué nacemos, para qué vivimos.
> ....

Si queréis seguirme,
ésta es mi mano y ese es mi camino
....
No esperéis que me dé por vencido.
Es mucho lo que tengo apostado
a esa carta

Nadie se llame a engaño. Veamos el interés de la siguiente cita. Para Otero la Iglesia es cómplice de crímenes en la guerra española:

Días de hambre, escándalos de hambre
"misteriosas" sandalias
aliándose a las sombras del romero
y el laurel asesino. Escribo y callo.

Pero en la versión original y aún inédita de que dispuso y publicó Alarcos en su ditirámbico estudio sobre este poeta (*La poesía de Blas de Otero*, pág. 6, nota 2) la cosa está más clara: esas sandalias aliadas al laurel —léase victoria— asesino, no son "misteriosas", como sibilinamente corrigió luego el autor, sino "religiosas".

Y ¿para qué seguir si el curioso lector podrá completar, sin gran esfuerzo la acusación propuesta? Que Blas de Otero nos incita a la negación de Dios, ultimada por completo en su espíritu.

En cuanto a la necesidad de concluir con los ideales de la España triunfante en la Cruzada de Liberación antimarxista, que es como de verdad se llama nuestra guerra del 36 al 39, con unas cuantas citas el aserto quedará demostrado sin otros comentarios:

He visto
espaldas astilladas a trallazos,

almas cegadas avanzando a brincos
(españas a caballo
del dolor y del hambre) Y he creído.
....
Aunque hoy hay sólo sombra,
he visto y he creído.
....
Pues en esta tierra
no tengo aire
enristré con rabia
pluma que cante
....
Bien los sabéis. Vendrán
por ti, por mí, por todos
Y también por ti.
Aquí no se salva ni Dios. Lo asesinaron.
....
¡Santiago y cierra España! Derrostran con las uñas
y con los dientes rezan a un Dios de infierno en ristre,
encielan a sus muertos, entierran las pezuñas
en la más ardua historia que la Historia registre.
....

Y acaso el texto más expresivo de todos, entre los muchos
que en la visión negativa de la España actual podrían encontrarse, sea el siguiente:

Retrocedida España,
agua sin vaso, cuando hay agua; vaso
sin agua, cuando hay sed. "Dios que buen
vasallo,
si oviese buen..."
                        Silencio.

Donde pone "silencio" léase "señor", según el texto ci-
diano y el poema quedará completo en cuanto a mala fe y a
transparente alusión personal.

Para qué hablar de este hombre cuando hay tantos que esperan
(españahogándose) un poco de luz, nada
más, un poco de luz
que apague la sed de sus almas.

Repito que es ilusión llamarse a engaño con la poesía de
este hombre. Ante ella tan sólo caben dos posturas, perfectamente definidas y claras. La primera es la de aquellos pocos
cobardes, pero peor intencionados, a los que conviene sacar
de madriguera de una vez, que se entusiasman alabando a
Otero, en César Vallejo o en Pablo Neruda, aquellas ideas
que por sí no son capaces de expresar.

La segunda es la nuestra, la que por fidelidad a principios
inalienables de espíritu y de vida, a motivos sustanciales de
fe y patriotismo, está obligada a desenmascarar personas y actitudes que, bajo capa más o menos poética, atacan con insi-
dia a aquella propia España, en la que libremente viven.

ABREVIATURAS

A   *Ancia,* A.P. Editores, Barcelona 1958.

AC   *Antología consultada* (Ribes), Santander 1952.

AFH   *Ángel fieramente humano,* Ínsula, Madrid 1950.

CE   *Cántico Espiritual,* Cuad. Grupo Alea, 1ª Serie, 2, San Sebastián 1942.

CP   *Cuatro poemas,* en Albor, 6, Pamplona 1941.

EC   *En castellano (Parler clair),* Seghers, París 1959.

ENEL   *Esto no es un libro,* Universidad de Puerto Rico, Río Piedras 1963.

ER   *Expresión y reunión,* Alianza, Madrid 1981.

HFV   *Historias fingidas y verdaderas,* Alianza, Madrid 1980.

M   *Mientras,* Ed. Javalambre, Colección Fuendetodos, Zaragoza 1970.

PB   «Poesía en Burgos», *Escorial,* 34 (1943).

PCN   *Poesía con nombres,* Alianza, Madrid 1977.

PPP   *Pido la paz y la palabra,* Cantalapiedra, Torrelavega 1955.

QTE   *Que trata de España,* Ruedo Ibérico, París 1964.

RC   *Redoble de conciencia,* Instituto Estudios Hispánicos, Barcelona 1951.

TMS   *Todos mis sonetos,* Turner, Madrid 1977.

Índice

ESTE LIBRO SE ACABÓ DE IMPRIMIR
EN LOS TALLERES
DE GRÁFICAS SUMMA (LLANERA, ASTURIAS)
EL 7 DE FEBRERO DE 1997,
DÍA DE SAN RICARDO